VOOS E ACROBACIAS

CIP-BRASIL. CATALOGAÇÃO NA PUBLICAÇÃO
SINDICATO NACIONAL DOS EDITORES DE LIVROS, RJ

M134v   Machado, Sergio
         Voos e acrobacias: memórias e revelações de um apaixonado pela aviação / Sergio Machado. – 1. ed. – Porto Alegre [RS] : AGE 2021.
         183 p. ; 16x23 cm.

         ISBN 978-65-5863-029-6
         ISBN E-BOOK 978-65-5863-027-2

         1. Machado, Sergio – Narrativas pessoais. 2. Crônicas brasileiras. I. Título.

21-68617   CDD: 869.8
                    CDU: 82-94(81)

Meri Gleice Rodrigues de Souza – Bibliotecária CRB-7/6439

SERGIO MACHADO

VOOS E ACROBACIAS

MEMÓRIAS E REVELAÇÕES DE UM APAIXONADO PELA AVIAÇÃO

PORTO ALEGRE, 2021

© Sergio Machado, 2021

Capa:
Nathalia Real

Diagramação:
Nathalia Real

Fotos:
Acervo do autor e
Leonardo Viero de Andrade

Supervisão editorial:
Paulo Flávio Ledur

Editoração eletrônica:
Ledur Serviços Editoriais Ltda.

Reservados todos os direitos de publicação à
LEDUR SERVIÇOS EDITORIAIS LTDA.
editoraage@editoraage.com.br
Rua Valparaíso, 285 – Bairro Jardim Botânico
90630-300 – Porto Alegre, RS, Brasil
Fone/Fax: (51) 3061-9385 – (51) 3223-9385
vendas@editoraage.com.br
www.editoraage.com.br

Impresso no Brasil / Printed in Brazil

AGRADECIMENTOS

Martin Bernsmuller

Cte. Francis Barros

Eng. Urbano Jacques dos Santos

Fotógrafo Leonardo Viero de Andrade

Cte. Roberto Costa

Cte. João Carlos Krug

Cte. Gregory Smith

PRÓLOGO

Escrevo este livro sem maiores pretensões que não sejam compor um conjunto de histórias, crônicas e eventos vividos desde a formação inicial como piloto civil, até o exercício pleno na profissão de aeronauta.

A parte inicial será relativa à instituição Aeroclube do Rio Grande do Sul, sua história e a importância dessa entidade na minha vida e no contexto da aviação civil, profissional e desportiva em nosso país.

Em virtude de ser o relato abrangente de um período de tempo muito extenso, poderão ocorrer alguns erros involuntários de nomes, datas e detalhes menores, pelos quais desde já peço desculpas. Aos leitores ficarei antecipadamente grato se receber ajuda para eventuais correções em uma futura edição.

PREFÁCIO 1

A obra é historicamente correta e escrita com afeto. Percebi ao ler a primeira prova e desde as primeiras linhas. Traz detalhes ricos em nomes, datas e acontecimentos na vida do extraordinário piloto. A luta dele, constante, pela vocação aeronáutica e pelo melhor para a Aviação Aerodesportiva e Comercial Brasileira. Além disso, percebem-se raras qualidades: olhares sensíveis, atentos às reações humanas e à beleza do mundo.

Como dizer mais? Ajudou-me a cópia da carta que lhe enviei em 28 de abril de 2015. Ao fazer uso dela, transcrevendo-a, o privilégio do diálogo direto do autor com os leitores dele estará preservado, pois, ao não avançar no espírito da obra, terei somente acendido a lâmpada que alumiará o palco para a apresentação do livro. Que ela fale aos pés dos ouvidos, portanto:

"Considere esta carta, Comandante Sergio Fraga Machado, como uma declaração tardia e pública ao teu imenso trabalho pela Aviação Brasileira. Não há motivos de se falar em excelência em formação aeronáutica em nosso país sem pensarmos nos idealistas que se sacrificaram e imprimiram o perfeccionismo responsável à arte de bem voar. Dizem muitos e eu leio sempre que relembrar é viver demasiadamente o passado, é esquecer o presente, é não permitir liberdade ao futuro. Eu discordo. Pois o passado nos ensina, o presente aperfeiçoa e o futuro conversará com ambos. O passado sempre será o Big-

-Bang, e a ele dirigiremos a nossa curiosidade, a busca pelas lições, a curiosidade pelas nossas origens.

Estou sendo prolixo comandante, e tu és o culpado. Pelos teus ensinamentos e exemplos, eu adquiri esta característica. Foram eles que me lançaram ao mundo pelas asas dos aviões, dos pequenos aos grandes. E a tudo anotei.

Devia ter contado antes. Posso contar agora? Sem a tua dedicação nem eu e centenas de outros iguais a mim poderiam ter nascido para as nuvens, ou pisado terras que homens como Santos Dumont, Antoine Jean Baptiste Marie Roger de Saint Exupéry, Charles Lindbergh e outros magníficos chegaram. Tu nos ensinaste sobre os ventos e para onde eles levam. Tenho acompanhado ao longo dos anos a tua trajetória e a respeito, da mesma forma que me orgulhas. Foste meu instrutor, professor e incentivador; o revolucionário abnegado e forte que ousou imprimir vontades e razões; o criador dos Cursos de Formação de Instrutores de Voo, os CFIs. Soubeste bater portas, dialogar e convencer a quem poderia e deveria ajudar nessa tarefa de amor: *amor* é a melhor palavra que encontrei para definir o que vivenciei naqueles tempos.

Orgulha-te, Comandante Machado, por tua vida e pela que concedeste aos teus alunos, a maior parte semeadores e sucessores da tua obra, portanto profissionais exemplares.

A minha amizade não pede tanto, quer o teu muito do muito pouco e as com certezas das andanças. Espero tanto as boas quanto as más notícias em coloridos pratos de lembranças. Eu mesmo farei num *e-mail* uma *arroba ponto com* sem cobranças e pensarei que o importante é que existamos um para o outro nas viagens das caminhanças."

Do ex-aluno Medeiros – II CFI
José Américo C. Medeiros
Canoas – RS

PREFÁCIO 2

Conheci o Machado em 1958, no campo de voo do Táxi Aéreo Barreto, em Belém Novo, próximo do local onde hoje se situa o Aeroclube do Rio Grande do Sul.

Eu acompanhava meu pai em nossos primeiros ensaios de voo de modelos rádio-controlados e o Machado já por lá estava, no pequeno hangar, atraído por sua paixão pelos aviões. Jamais poderia imaginar o quanto teríamos contato em nossas vidas futuras.

Somente muito mais tarde voltei a ter notícias dele, através de meu irmão Geraldo, nos idos de 68, quando este entrava para a Varig e o encontrou, já muito próximo de sua saída, de retorno para o Aeroclube. A partir daí, já na minha atividade de voo de planadores e de aeroclube no Rio de Janeiro, passei a acompanhar à distância o incrível desenvolvimento que começava a acontecer no Aeroclube do Rio Grande do Sul.

No Rio, cheguei a voar um dos aviões citados no livro, o T-19 PP-HQC, que me deixou grandes recordações, pois foi onde tive as minhas primeiras lições de acrobacia.

Depois, em 1983, tive novo contato com o Machado. Eu participava de um grupo que fundara uma das primeiras fábricas de ultraleves no Brasil. Estávamos no início de nossa produção, fabricando algumas unidades por mês, quando recebi um telefonema dele, mostrando seu interesse por um modelo *biplace* e me convidando para uma demonstração em Porto Alegre. Prontamente aceitei, pois não poderia perder essa oportunidade de divulgar o produto e, principalmente, voar na minha querida cidade natal. Para mim, foi uma inesquecível aventura. Depois de montar o avião em Belém Novo e fazer alguns voos de teste e demonstração, parti com destino à Base Aérea de Canoas, para demonstrar também à Força Aérea, numa hipótese de uso de lazer para seus pilotos iniciantes. Cruzar Porto Alegre em voo visual em uma aeronave toda aberta e a uma altura abaixo de qualquer tráfego aéreo, foi algo indescritível. Aproveitei até para passar próximo à nossa antiga casa, na Praça Japão, local de grandes recordações. Acabei por pousar são e salvo no meu destino, junto ao QG do 5.º Comar. Pouco mais de um ano depois, voltava a Porto Alegre para participar de uma das EBRAVEs promovidas pelo Aeroclube, em uma demonstração de uma "esquadrilha" de 5 ultraleves, todos já de proprietários locais, que tinham sido atraídos pela nova modalidade. Agradeço até hoje ao Machado por esses voos inesquecíveis.

Quando iniciei minhas atividades como Diretor Técnico da Rio-Sul, em 1988, e, posteriormente, Presidente, em 1992, tive sempre o importante apoio do Comte. Hélio Miron Maciel, nosso Piloto-Chefe e figura fundamental no desenrolar da história deste livro, tendo atuado por longo tempo como Diretor-Presidente do ACRGS. Nessa época, precisava ir muitas vezes a Porto Alegre, e, sempre que podia, visitava o Aeroclube, para relembrar um pouco das minhas origens de voo e acompanhar as novidades que ali aconteciam. Ficava impressionado com a qualidade do material de voo, sempre impecável, a diversidade de aviões e cursos existentes, o volume e a segurança da operação, a disciplina de todos e, principalmente, o incrível e constante entusiasmo do Machado. Costumava dizer-lhe que quase levava meu passaporte para ali entrar, pois minha impressão era de que estava ingressando em um outro mundo.

Por fim, mais tarde, quando exercia a função de Presidente na Varig, tive a oportunidade de participar em um projeto de interesse das duas entidades. A reforma e colocação de um DC-3 em estado de voo, portando as cores da nossa Varig. Foi um projeto de grande sucesso, mas que só aconteceu graças à incrível persistência e tenacidade do Machado.

Por tudo isso, achava que tinha acompanhado e conhecia bem sua brilhante carreira na aviação. Confesso que, após ler o livro, fiquei gratamente surpreso com a sua incrível experiência de voo e de vida. Não tinha ideia da dinâmica que havia imprimido logo no inicio de sua gestão no aeroclube. Chamaram a minha atenção os vários acampamentos que promoveu, com atividades de voo extremamente criativas, tão importantes para desenvolver o espírito de grupo. Também, a forma como conduziu o desenvolvimento contínuo da entidade ao longo dos tempos, sendo um grande exemplo de empreendedorismo moderno. Como piloto, fiquei impressionado com a diversidade de aviões que teve a oportunidade de voar e testar e a incrível quantidade de difíceis translados internacionais de monomotores que fez, todos com o mais absoluto cuidado e segurança. Além disso, sua habilidade, tranquilidade e experiência como piloto também se mostram quando se confronta com situações críticas de emergência, como a pane na decolagem de um Piper Comanche, onde tem de encontrar em segundos um pequeno espaço para se "encaixar", numa área já fortemente habitada. Situações que são quase um milagre, que só um piloto com suas qualidades consegue, depois, contar.

Enfim, é um livro que, com certeza, vai prender a atenção de todos os aviadores, de verdade ou de espírito, trazendo ensinamentos importantes, não apenas da gestão dessa tão importante atividade, como também da arte do voo.

Engenheiro Fernando Pinto
Ex-Presidente da Varig e atual Presidente da TAP

SUMÁRIO

1 O surgimento dos aeroclubes no Brasil 17
2 Primórdios da aviação civil em Porto Alegre 19
3 Nasce o Aeroclube do Rio Grande do Sul............................22
4 Nova diretoria – nova orientação 25
5 A vontade de escrever 27
6 Desejo de voar – o primeiro voo solo 30
7 Completando horas de voo 34
8 Piloto privado – primeiro passo 36
9 Somando experiências..40
10 Piloto comercial – segundo passo 45
11 O ingresso na VARIG...46
12 Instrutor na EVAER – importante decisão 48
13 Formando pilotos privados e instrutores de voo 53
14 Os acampamentos aéreos 61
15 As missões nos acampamentos 64
16 Os saltos de paraquedas 69
17 Um avião abatido sobre Porto Alegre 71
18 Um inusitado voo na ala 74
19 O avião que "jogou" demais...76
20 Uma filial no centro da cidade 78
21 Um T-6 pousa em Canoas 80
22 Os últimos dias em Canoas..85

23 A construção da pista no bairro Belém Novo 89

24 A obra do hangar e ações paralelas 93

25 O primeiro hangar 95

26 Um ultraleve e um Boeing 97

27 O segundo hangar e o asfaltamento da pista 101

28 O "padrão ARGS" na formação de pilotos 103

29 O despertar de vocações – Reconhecimento 105

30 Escola Aeronáutica Civil – Uma característica 110

31 Um Christen Eagle voa em Belém Novo 112

32 Um CAP-10 pousa em Belém Novo 117

33 Os memoráveis encontros aéreos 122

34 O acrobata Victor de Carli 128

35 Planadores voam no ARGS 131

36 Os longos voos de translado 137

37 Os voos na Aeromot 145

38 Um voo bem remunerado 148

39 Os voos que não terminaram bem 151

40 Resgate de náufragos no mar 156

41 Helicópteros pousam no ARGS 162

42 O helicóptero que não voou 163

43 Voando o Delphin L-29 165

44 Voando um Xavante na FAB 168

45 Um DC-3 pousa em Belém Novo 170

46 O DC-3 se despede 179

47 O ARGS nos últimos dez anos 181

48 O encerramento da longa missão 183

1

O SURGIMENTO DOS AEROCLUBES NO BRASIL

Sobre a origem dos aeroclubes, é interessante saber que o primeiro deles no país foi o do Brasil, criado em 14 de outubro de 1911, no Rio de Janeiro.

Somente nos anos 1940 outras entidades semelhantes ao Aeroclube do Brasil surgiram, incentivadas pelas iniciativas do jornalista Assis Chateaubriand, Diretor dos Diários e Emissoras Associados, pelo Ministro da Aeronáutica, Joaquim Pedro Salgado Filho e pelo próprio Presidente da República, Getúlio Vargas. Entenderam esses senhores fortalecer nossa aviação civil, criando o movimento *Deem Asas ao Brasil*. Foi uma grande campanha, durante a qual foram fundados aeroclubes em cidades expressivas, fornecendo a estes aviões de treinamento e vários outros incentivos, como combustível e bolsas de estudos aos alunos. Sobre a grande campanha, essa teve seu início oficial por ocasião da inauguração do aeródromo municipal de Caxias do Sul, em 1940. O primeiro avião doado, um Piper PA-11, prefixo PP-TDA, foi nesse local entregue e batizado com o nome de Duque de Caxias.

Sobre sua função social, é importante citar que os aeroclubes são sociedades civis, sem fins lucrativos, cujos objetivos principais são o ensino e a prática da aviação civil, de turismo e desportiva, podendo cumprir missões de emergência ou de notório interesse da coletividade.

Consta que pelos anos 1960 existiam 400 aeroclubes, os quais receberam como doação mais de 1.000 aviões entre importados e os que começaram a ser fabricados aqui. Os principais fabricantes foram a Cia. Aeronáutica Paulista, produtora dos CAPs, posteriormente Aeronáutica Neiva, o grupo Cassio Muniz, produzindo a partir de 1935 os aviões Muniz M-7 e M-9, o grupo Henrique Lage, com os aviões HL-6, e a Fábrica do Galeão, na ilha do Governador, no Rio de Janeiro, montadora sob licença, dentre outros, dos aviões Fairchild T-19.

2

PRIMÓRDIOS DA AVIAÇÃO CIVIL EM PORTO ALEGRE

Antes do relato da iniciativa ocorrida na zona sul da cidade que descreveremos a seguir, é interessante abordar rapidamente a história de um avião e de um piloto que deram os primeiros passos para o surgimento da atividade aeronáutica nesta região.

Pelos anos 1920, uma aviadora francesa, Adrienne Bolland, trouxe para a Argentina um avião biplano Caudron G3. Ela queria ser a primeira aviadora a cruzar os Andes. Adrienne, com apenas 26 anos, conseguiu seu intento ao transpor aquela imensa cadeia de montanhas. Decolou de Mendoza em primeiro de abril de 1921. Pousou em Santiago do Chile três horas e quinze minutos depois. Fabricado na França em 1912, o Caudron possuía um motor radial, rotativo de 80 CV. Anos após o feito da travessia dos Andes, o Caudron voltou à Argentina e posteriormente foi trazido em voo ao Brasil. O Caudron sofreu uma pane quando sobrevoava nosso Estado e por aqui ficou. Foi comprado pelo gaúcho Sebastião de Carvalho Eder, que o reparou dos danos sofridos com o auxílio do mecânico Mario Syrpa. Sebastião, piloto recém-formado, tinha em mente prosseguir seus voos, fascinado que estava pela aviação. Muito tempo depois, Sebastião tornou-se comandante nos aviões da Panair do Brasil. Com a ajuda do Sr. Erwino Roth, um piloto argentino que por aqui andava, e ainda por um dos primeiros pilotos da VARIG, Franz Nuelle, o avião foi levado à fazenda do Coronel Podalírio Teixeira Machado, ao sul da ci-

Avião "AVRO AVIAN" de propriedade do Sr. Erwin Roth, a esquerda da foto. No lado direito está o Sr. Sebastião Carvalho Eder. Foto tirada na "ABERTA DOS MORROS" em 1935.

dade, para voos turísticos e de instrução. Usaram os campos existentes atrás de onde hoje se situa a Churrascaria Pastoriza, na Aberta dos Morros, a poucos quilômetros do bairro Belém Novo. O Sr. Podalírio era meu avô. Lamento que dele tenha muito pouca recordação, pois eu tinha apenas quatro anos de idade quando ele faleceu. Ele era um progressista que gostava de inovações e por isso deu grande apoio a Sebastião Eder e seus dois companheiros. Acolheu-os na fazenda que possuía naquele bairro e até construiu um hangar para abrigar o Caudron. Contam que o Coronel Podalírio sempre se fazia presente e demonstrava estar vivamente interessado com tudo que se referisse ao voo. Até dava a impressão de que ele é quem desejava estar sentado no lugar do piloto, segundo as observações do mais tarde comandante de Caravelle da Cruzeiro do Sul Lucidio Vals. Meses após acrescentaram à escola um avião Avro Avian. Sebastião, Erwin e Nuelle movimentavam dessa forma a aviação civil em Porto Alegre e começaram a instruir quem os procurasse para aprender a voar. Os alunos do primeiro curso de pilotagem que criaram em Belém Novo foram Evilazio

Camargo, Mario Correa, Carlos Correa e Ari Fraga. Vários outros interessados e demais curiosos faziam voos panorâmicos sobre a cidade e arredores. Esses voos efetuados sobre a cidade contagiavam outras pessoas, acelerando movimentos para agrupar entusiastas da atividade aérea, a qual, até então, se resumia a palestras e à prática de aeromodelismo. Também impulsionadora desses movimentos eram os voos que a VARIG desde 1927 efetuava pela Lagoa dos Patos em seu hidroavião Dornier.

A VARIG, pensando no futuro, quando muitos pilotos seriam necessários, havia criado a VAE, Varig Aero Esporte em 15 de fevereiro de 1937. A VAE iniciou a formação de alguns pilotos em sua sede no Aeroporto São João e também nos acampamentos que organizava na cidade de Osório. Influenciados por toda essa movimentação, o grupo de entusiastas citado passou a reunir-se com mais frequência, buscando fundar um aeroclube, na pretensão de este vir a ser o Aeroclube do Rio Grande do Sul.

3
NASCE O AEROCLUBE DO RIO GRANDE DO SUL

Obtivemos em jornais da época registro da presença na cidade de Porto Alegre do jornalista Antonio Benedicto Machado Florence, Delegado do Aeroclube do Brasil. Aqui chegou em 1932, com a intenção de fundar um aeroclube à semelhança do Aeroclube do Brasil. Ocorreram reuniões nesse sentido, realizadas na biblioteca pública da cidade, mas não foi formalizada tal intenção. Não existem documentos de que a iniciativa tenha ido avante. Ações mais concretas sobre essa intenção apenas vieram a ocorrer quando o Coronel Luiz Leal Netto dos Reis, oriundo da base da Aviação Naval do Exército, onde fora seu comandante, tomou providências. Apresentou seu projeto para o grupo de interessados, visando à formação de um aeroclube com uma escola de pilotagem sob o nome de Aeroclube do Rio Grande do Sul.

Após a exposição de suas ideias e demais planos, ocorrida na sede da Sociedade de Engenharia de Porto Alegre, sob a aclamação dos presentes, entre os quais Ruben Martin Berta, uma figura ícone da VARIG, Netto dos Reis assumiu como primeiro presidente da instituição que acabara de ser fundada. O evento ocorreu no dia 24 de maio de 1933, data posteriormente consagrada como a da fundação do aeroclube.

O ARGS não possuía aviões e muito menos um local físico para atividades aéreas como aquela em Belém Novo, onde já se voava há algum tempo. Somente cinco anos após sua fundação, pelo início de

O Coronel Luiz Netto dos Reys, fundador do Aeroclube do Rio Grande do Sul.

1938, com muito esforço de todos os envolvidos, assim como com o prestígio de autoridades que haviam abraçado a ideia, foram obtidos por empréstimo dois aviões cedidos pelo Terceiro Regimento de Aviação do Exército, sediado em Santa Catarina. Eram biplanos Muniz, fabricados no Brasil. Tinham os prefixos 3-T-05 e o 3-T-06. O instrutor do aeroclube para a primeira turma foi o Capitão Miguel Lampert, o qual passou a instruir os alunos inscritos. Somente a partir daí começava a funcionar de forma prática o Aeroclube do Rio Grande do Sul. Meses depois, exatamente em 3 de dezembro de 1938, com a presença de várias autoridades, recebiam sua carta de piloto civil os seguintes aviadores componentes dessa que foi a primeira turma do aeroclube: Olinto Pereira, Manuel Gusmão, Lucidio Valls, Hugo Juchem, José Farina, Henrique Alves, Paulo Gondim e Urbano Stumpf. O grupo de alunos e seus instrutores usaram como base para os seus voos um campo próximo à cidade de Canoas, junto à ferrovia que margeava a atual BR 116. O campo de pouso era, a partir de então, administrado pelo Terceiro Regimento de Aviação Militar do Exército. Posteriormente, em 20 de janeiro de 1941, com a criação do Ministério da Aeronáutica e da Base Aérea de Canoas, foram no mesmo local erigidas as instalações do 5.º Comando Aéreo Regional. Também ali o aeroclube construíra o seu primeiro hangar, obra do associado Dr. Benjamin Vinholes. Consta que o presidente nesse ano era o Sr. Adamastor Cantalice, eleito em 27 de setembro.

O primeiro registro das atas da diretoria do ARGS, entretanto, só foi obtido em março de 1947, catorze anos depois da sua fundação. Infelizmente não ficaram registros de nomes e das atividades nesse período de tempo. No primeiro livro de atas que foi possível acessar, consta a eleição do presidente Dr. Helio Druck e a participação do então Deputado Leonel de Moura Brizola. Em 6 de setembro de 1949 registra-se como presidente o Sr. Walter Peracchi Barcellos, mais tarde Governador do Estado, logo sucedido pelo Eng. José Batista Pereira. Após 1949 sucederam-se na presidência os Srs. Olynto Pereira em 1950, Agostinho Braul em 1952, Frederico Kummecke Filho em 1956 e Gilberto Libório Barros em 1957.

Nos dez anos subsequentes, a formação de pilotos prosseguiu beneficiada com apoios à aviação propiciada pelo recém-criado Departamento de Aviação Civil (DAC), órgão do novo Ministério da Aeronáutica. Os aviões recebidos e empregados nesse período foram dois Fairchild T-19, um Taylorcraft, dois Piper J-3, um Muniz M-9, três Cap 4, um HL-6 e um Aeronca, respectivamente com os prefixos, PP-TTH, PP-GFK, PP-TKY, PP-TNF, PP-TCL, PP-RHX, PP-HGQ, PP-HES, PP-HDV, PP-HBV, PP-GAG, a maioria dos quais frutos da Campanha Nacional de Aviação. Após o Presidente Libório Barros consegui verificar nos livros de atas ainda existentes o nome de Alberto Sanvicente que o teria seguido na presidência. Por volta de 1963, acompanhei o ingresso de uma nova direção e também de uma nova filosofia administrativa.

4

NOVA DIRETORIA – NOVA ORIENTAÇÃO

Certo dia do ano de 1962, junto ao aeródromo em Canoas, sem voos por falta de combustível, restou ao grupo de poucos jovens, a maioria pilotos recém-formados, armar uma rede frente ao hangar e jogar uma partida de vôlei. Ao entardecer, no vestiário, após o banho, o assunto deles não era outro que não a indignação pelo visível descaso que imperava no aeroclube. Naquele momento surgiu a ideia de assumirem de uma vez o lugar dos que, já tendo sugado o suficiente, não mais tinham qualquer interesse em ali permanecer. O assunto tomou vulto e com novas ideias decidiram agir. Foram ter com a pessoa-chave, a tesoureira Dona Raulina de Freitas Lima, para expressar-lhe os objetivos e buscar seu apoio. Pouco tempo depois, numa assembleia geral ordinária, uma chapa foi proposta pelo grupo dos insatisfeitos. Estes, sem qualquer resistência, acabaram assumindo a direção. O trabalho de reforma teria como presidente o Sr. Harry Stadländer. Mais adiante assumiram sucessivamente nessa função Luiz Fernando Coelho de Souza em 1964, João Hernani Castro em 1966 e Helio Miron Maciel em 1967.

Bem ao início, por volta de 1964, ajudei os diretores como assistente na secretaria. Depois assumi sucessivamente como secretário efetivo, instrutor de voo, diretor técnico e, bem mais adiante, como superintendente. Nessas condições, até pelo menos o final dos anos 1990, em minhas participações, tive uma inédita autonomia de ação outorgada pelos diretores, especialmente pelo Presidente Maciel, o qual passou a conferir-me responsabilidade e apoio. Sem essa amizade e confiança, seria difícil realizar todas as tarefas ou pôr em prática as ideias e projetos que serão adiante descritos.

Foto: Leonardo Andrade.

Ao fundo, o primeiro hangar do ARGS, em Canoas.
Aos 20 anos atuava ajudando as secretárias Vania Arieta e Neuza Pacheco.
O avião é o Aeronca PP-GAG.

5

A VONTADE DE ESCREVER

A ideia de colocar em um livro minhas memórias surgiu quando efetuava um voo dos Estados Unidos ao Brasil, cruzando sobre o temido Triângulo das Bermudas, no arquipélago das Bahamas.

Se decolarmos de qualquer pista no sul da Flórida em direção sudeste para voar até o Brasil, fatalmente cruzaremos o tão falado Triângulo das Bermudas. Eu passei por essa região em todos os voos que fiz transladando aviões, a grande maioria das vezes em voo solo. Com base nas histórias que conhecia sobre o triângulo por ali voei com alguma atenção extra, não disfarçando um misto de receio e, depois até, de uma certa decepção. Pensando em ter o quê contar a respeito, o desapontamento foi pelo fato de que nunca alguma anormalidade por ali me ocorreu. Ao contrário, sempre voei sereno e tranquilo sobre aquelas belas ilhas rodeadas de um mar verde-esmeralda, consequência das brancas areias que no seu leito refletiam intensamente a luz do sol. Em um desses voos, decolei ainda noite de uma das ilhas do arquipélago das Turks & Caicos, nas Bahamas. Não foi possível apreciar aqueles belíssimos tons do mar abaixo de mim, pois o sol nasceria somente dali a horas, quando já estivessem visíveis as ilhas do Caribe à frente. Era um voo no avião agrícola Piper Pawnee PT-DLB, destinado ao Brasil. O Piper estava estacionado naquela ilha havia uns cinco meses. O piloto encarregado daquele voo abandonou-o, desistindo de prosseguir. Estaria assustado com a quantidade de mar à frente e o receio em enfrentar a tarefa em um avião muito limitado que voava a muito baixa velocidade. Antes da decolagem, fiquei dois dias preparando o Piper para o longo voo. O avião estava coberto por uma fina poeira branca. Os pneus estavam vazios, os filtros de ar sujos e havia vazamentos de combustível deixado no tanque, onde normalmente se depositam os produtos agrícolas. Tinha ainda instalados as barras e os acessórios para aplicação em lavoura. Desmontei-os e os fixei dentro da própria fuselagem. Foi um trabalho feito sozinho, pois não havia ali mecânico ou oficina de aviação.

Após um exaustivo dia de trabalho, fui ao hotel onde estava hospedado. Era na realidade uma casa onde os administradores e funcionários residiam. Uma elevação aprazível, de onde se avistava o mar, o pequeno porto e o belo pôr do sol que se aproximava. Algumas embarcações de pescadores ancoravam para descarregar lagostas em grande quantidade. A simpática cozinheira da casa cantarolava e subia com elas num grande cesto ainda vivas para prepará-las pro jantar. Com o ruidoso e divertido grupo de hóspedes tomávamos um excelente *scotch on the rocks*, falando das atividades de cada um na Inglaterra, de onde vieram e espantavam-se das minhas histórias como piloto. A vontade era ficar por ali mais um mês, principalmente pelo cenário, a alegria das pessoas e pelo aroma dos crustáceos preparados na manteiga. Nossa cozinheira badalava um sino chamando-nos para a mesa posta. Nova farra, com muita cerveja e algumas reclamações dos presentes: "Lagostas? De novo?" Entendi a reclamação, porque em South Caicos lagosta era o seu feijão com arroz. Despedi-me, agradecendo pela excelente orgia gastronômica e fui descansar, pois acordaria alta madrugada. Já de pé, pelas quatro da manhã sou apanhado pelo único táxi da ilha, um Chevrolet Bel Air, dirigido por um gordo e simpático motorista negro. Com o avião pronto e a prévia autorização do gerente de aeroporto, Mister McGuire, eu mesmo acionei as luzes da pista conforme as instruções prévias dele e decolei para a longa viagem. Naquela hora não havia viva alma por perto. Decolei subindo lentamente a onze mil e quinhentos pés. A bordo observava pensativo as estrelas acima de mim. Um momento de uma ímpar solidão, muito raro e propício à reflexão sobre a nossa existência e sobre a nossa vida. De tempos em tempos, cuidava dos instrumentos de voo, ajeitava minha posição esticando as pernas e, com uma pequena lanter-

Aproveitando o resto da tarde na ilha caribenha de South Caicos, antes de decolar no Piper PT-DLB para o Brasil.

na, consultava a carta aeronáutica WAC (World Aeronautical Chart), estimando minha posição sobre aquela imensidão de água.

À frente, percebi que a escuridão começava a dar lugar aos primeiros sinais do sol no novo dia que nasceria. Graças a uma curiosa e rara refração na atmosfera, esta gradualmente passou a desenhar uma linha de intenso vermelho vivo, verdadeira obra de arte, delineando o topo irregular das nuvens cúmulos no horizonte. O ruído uniforme do motor permitia concentrar-me despreocupado naquela curiosa e inédita visão. Enquanto desfrutava o momento de grande beleza e solidão, decidi que um dia deveria compartilhar, não apenas momentos como aqueles, como também as belas, incomuns, às vezes difíceis situações que marcam a vida de quem escolheu passar tantas horas lá em cima. Aproveitarei também para escrever a respeito da minha participação na existência do Aeroclube do Rio Grande do Sul, local em que me formei piloto e onde trabalhei de forma muito intensa e devotada por um longo período de tempo.

# 6

DESEJO DE VOAR – O PRIMEIRO VOO SOLO

O primeiro contato com avião e o posterior curso para aprender a voar ocorreram obviamente muito antes do voo acima relatado.

A primeira vez que entrei em um avião foi quando meu primo, Newton Barreto, chegou a Porto Alegre em outubro de 1959, trazendo de São Paulo um avião Ryan Navion, de matrícula PT-AEZ, e fundou uma empresa de táxi aéreo. Vez por outra ia de carona com ele nos voos do Ryan quando transportava passageiros para a região de Mostardas, inacessível por terra nas épocas de inverno.

Após completar a idade mínima de 17 anos, o primo Newton me levou até seu amigo, o Instrutor Lages, do Aeroclube do Rio Grande do Sul, em Canoas. Este me forneceu as informações de como fazer a matrícula no curso para piloto privado. Depois de longa argumentação junto a meus pais, consegui inscrever-me e vim a fazer meu primeiro voo como aluno, no pequeno Piper J-3 PP-GQH, em 17 de abril de 1962.

O ARGS, na época, era uma singela instalação composta por dois velhos galpões que chamavam de hangares. O desejo de voar existia desde a tenra idade de 8 ou 9 anos. Lia muito sobre a aviação e seus pioneiros, conhecendo todos os tipos de aviões, construindo aeromodelos e estudando suas biografias. Não tinha dúvidas sobre a profissão que queria seguir. No Colégio Anchieta, onde cursava o Ginásio e o Científico, eu era conhecido por ter a convicção de ser piloto,

Este é o Rayan Navion pertencente ao piloto Newton Barreto, meu primo. Nele voei pela primeira vez na vida.

enquanto a maioria dos jovens não tinha bem definidas suas pretensões futuras. No Anchieta colaborava com o jornal *O Eco*, escrevendo artigos sobre o tema. Nas horas de folga construía e praticava o voo com aeromodelos.

Os voos de instrução que se seguiram eram cada vez mais empolgantes, principalmente por encontrar facilidades nas manobras do curso e também porque recebia contínuos incentivos dos instrutores designados. Nada, porém, foi tão surpreendente quanto receber, num belo dia de repente, a enfática ordem do meu instrutor para decolar e fazer um voo sozinho. Enquanto ele abandonava seu lugar a bordo, a surpresa daquela ordem trazia uma indescritível e curiosa sensação de responsabilidade, receio e expectativa que vou tentar descrever.

O primeiro voo sozinho, para todo e qualquer piloto, é sempre um momento muito emocionante. Era o dia 24 de julho de 1962, quatro horas da tarde. A decolagem no PP-TNF ocorreu na empo-

Em 24.7.1962, realizei meu primeiro voo sozinho neste avião, o Piper J3 prefixo PP-TNF.

eirada pista 13 do velho aeródromo. Tinha até então voado com os instrutores Milton Lages, Segura Lopes e Leido Dias em duplo comando. Foram 14h05 de voo prévio com esses instrutores, todos voados nos Piper J-3. Quase impossível descrever tamanha felicidade daquele momento. Com 17 anos, tinha na ponta dos dedos a magia e o poder de voar comandando uma aeronave pelos céus. Impossível esquecer a visão da cabine, que, embora singela com seus poucos instrumentos, transmitia a sensação de uma enorme e poderosa máquina de voar. A vibração do motor, o vento que entrava na cabine trazendo o típico cheiro do óleo do motor Continental e, lá fora, o intenso verde dos campos banhados pelo Rio dos Sinos, decoravam a visão da perna do vento da pista onde pousaria. Curvando da perna base para a reta final, lá estava a pista 13 à espera do mais novo piloto em sua empolgante missão.

Duvido que o Comandante John Young no primeiro pouso da nave Columbia, muitos anos depois, se sentisse tão importante quanto eu no comando daquele imponente Piper ao pousar na pista do aeroclube naquele distante ano.

Manobras como estóis, curvas de grande inclinação, esse sobre estrada e os temidos parafusos se sucediam nos voos posteriores. Com o passar do tempo, treinando todos os movimentos com a aeronave e somando outras horas, pilotando sozinho e orgulhoso, desenvolvia pelo voo e pelo avião uma intimidade ímpar, que me trazia grande felicidade.

Adiante relatarei muitos outros voos interessantes junto aos trabalhos dedicados ao ARGS, os eventos e situações resultantes das iniciativas que nesse local tomei. Esses relatos vão até quando de lá me afastei por completo, já na sede em Belém Novo, alguns anos após a virada do século.

7
COMPLETANDO HORAS DE VOO

No começo, atuava no ARGS como secretário. Nos primeiros anos, entre 1962 e 1965, participei como aluno e como entusiasmado colaborador. Fazia isso com a empolgação de quem descobriu, sem nenhuma dúvida, ser ali o berço da minha futura profissão. Durante a minha formação, passei a prestar serviços e funções inerentes às atividades rotineiras do ARGS e, somadas a elas, inúmeras outras que criava, dando vazão a ideias que brotavam com frequência naquele ambiente muito simples. Lembro que a entidade, na época, continuava dispondo de poucos recursos e mostrava-se carente, não apenas financeiramente, como também de pessoas que estivessem dispostas a ela se dedicar. Não eram remuneradas, nem havia outro interesse que não fosse o de estar perto de aviões e compartilhar o entusiasmo e a empolgação com as máquinas de voar.

Na mesma época daquele primeiro voo solo, eu observava, porém, com certo desalento, nossa escola, precária, carente e com muitas dificuldades. Dos 12 aviões que possuía, estavam em voo apenas dois J-3, um CAP-4 e um Neiva P-56. Pouco entendia da administração da escola ou da política interna vigente. Diziam-me que diretores anteriores negligenciaram a administração e até usavam os aviões para assuntos e lazeres particulares. Aviões acidentados eram jogados no fundo do hangar e ali ficavam. A entidade ainda estava desacreditada junto ao Departamento de Aviação Civil. Muitos sócios dali sumiram, e o quadro era diminuto. O que sobrou não era mais do que meia dúzia de alunos e pilotos recém-formados. Mais adiante, também entusiasmado com as novas perspectivas criadas pelo novo grupo que assumiu, a eles me juntei.

Depois do primeiro voo solo, teria de pagar as horas para a conclusão daquele curso. Como o dinheiro andava escasso, busquei empregar-me em um banco como escriturário, mas o salário ainda se mostrava insuficiente para comprar as horas de voo faltantes. Paralelamente, terminava o curso Científico no Colégio Anchieta. Faltavam ainda vários voos para concluir o curso de piloto privado. Alguns colegas de aula dispuseram-se a pagar pelos voos se eu os levasse a voar, empolgados com minha descrição da maravilha que era estar lá em cima. Para levá-los teria, entretanto, de ser de forma não oficial, já que me faltava a licença de conclusão do referido curso, e não poderia levar passageiros enquanto não a possuísse. Embora não legal, surgiu uma ideia arrojada. Havia na cabeceira 13 algumas árvores altas que impossibilitavam avistar o avião quando na posição para decolar. A meu mando, os colegas de curso do Colégio Anchieta aguardavam naquela posição meu sinal para correrem até o avião, embarcar, sentar-se no banco dianteiro e abaixar-se até que cruzasse já em voo os hangares do aeroclube. Do chão parecia que decolara realmente sozinho. Esse expediente repetiu-se com sucesso algumas vezes, e eu já alcançava as horas necessárias para o cheque de voo de final de curso.

8

PILOTO PRIVADO – PRIMEIRO PASSO

O exame final para receber a licença de piloto privado foi efetuado no avião Neiva P-56 PP-GXX, em 23 de agosto de 1963, no Aeroporto Salgado Filho, onde na época era possível operar sem rádio. O checador designado foi o Comandante Raul Gobbi, da VARIG-EVAER. Gobbi gostou muito do meu voo e dele recebi os parabéns após o pouso. Aprovado, era então, a partir daí, piloto brevetado e alçado à condição de reserva da Força Aérea Brasileira. Embora solidificasse a ideia de vir a ser piloto profissional, não via como completar as mais de 150 horas de voo faltantes para o curso de piloto comercial. Após a conclusão do curso Científico no Colégio Anchieta, passava grande parte do tempo no aeroclube, ajudando os mecânicos na manutenção dos aviões, na limpeza dos hangares e na parte burocrática junto à secretaria. Além de organizar documentos e criar um guia para lançar cada voo dos alunos, fizemos, Dona Raulina, a amiga Vania Arieta e eu várias melhorias no ambiente dos hangares para os novos alunos que chegassem. Ajudava o pessoal que recém assumira, buscando uma melhor apresentação dos aviões. Desenhei esquemas diferentes que passaram a ser pintados nas revisões maiores, feitas pelo mecânico Nelson Marques. Também pintei, com a ajuda do aluno Wanderley Vieira, um artista do pincel, brasões nas laterais. Eram desenhos curiosos, alguns com certo humor, personalizando cada um dos aviões, resultando aparências que eram bem apreciadas. Também desenhei uma logomarca para ser usada nos papéis de ofício e ainda uma outra para a cauda das aeronaves. A ideia foi de um sol estilizado em vermelho cruzado por uma asa estilo delta em azul. Acabou ficando nossa logomarca oficial, a qual até hoje é o distintivo usado. Na secretaria registrava adequadamente os voos nas cadernetas dos aviões e punha em ordem as pastas e os documentos pertinentes. A dedicação era muita e, por chamar a atenção dos mais experientes de então, fui convidado a trabalhar oficialmente como secretário, recebendo como pagamento algumas horas de voo por mês e também refeições no bar da Dona Zefa. Difícil definir tamanha empolgação ante tão singela estrutura e frente a tantas dificuldades e carências ainda existentes. Na época, existia a figura do instrutor auxiliar, que, embora não formado instrutor, podia atuar sob a supervisão do instrutor credenciado. Foi outra importante forma de voar, acumulando as horas necessárias aos passos subsequentes. Nessa função descobri então a forte vocação de instruir e o prazer de ensinar outros a voarem. Essa vocação atingiria o ápice na minha atuação como instrutor no Curso de Formação de Instrutores – CFI, o qual permaneceu por três décadas, marcando de forma muito positiva a vida dos pilotos profissionais ali formados. Por ser esse trabalho de grande profundidade e com reflexos muito importantes, descrevê-lo-ei à parte.

Na condição de "auxiliar de instrução", recordo dos primeiros alunos que me designaram. Foram eles Luiz Silveira, Erico Ruhl e Carlos Alegretti. Além das atividades em voo, ministrava aulas teóricas para o curso de piloto privado. Não havia o curso de piloto comercial. Organizamos uma sala de aula melhor apresentada no fundo do hangar, equipando-a com classes e cadeiras novas, que negociamos com o Sr. João Benetti, aluno em curso. Contei com a ajuda de outros colegas instrutores, entre os quais Luiz Eduardo Vares, a quem designei a função de responsável pelo ensino teórico. Comecei a trabalhar forte na direção de sermos autorizados a formar também pilotos comerciais. Uma pretensão ousada, pois somente o Aeroclube de São Paulo tinha tal autorização. Montei uma biblioteca e a inaugurei com os dois livros que me ajudaram a passar no exame teórico ante-

Na foto, ilustrava ao meu primeiro aluno, Erico Ruhl, detalhes do voo que a seguir realizaríamos. É possível ver no avião Fairchild T-19 um dos brasões que criei e adornavam nossos aviões.

rior (*Como Obter Minhas Asas,* de F. P. da Silva Filho, e *Avião, Voo e Pilotagem*, do Professor Haroldo Nogueira). O material didático na época era escasso. A iniciativa deu frutos, pois muito adiante, pelos anos 1980, a biblioteca já acumulava 1.200 volumes e vários filmes. Também mais tarde acrescentei à biblioteca filmes Super 8, com os quais eu registrava nossas atividades e evoluções com minha filmadora Cannon 1014.

Em 1964, nossa tesoureira, Dona Raulina, na busca de recursos para a entidade, firma com a Cia. Jornalística Caldas Júnior um contrato para levar o jornal *Folha da Tarde* diariamente de avião às praias gaúchas. Foi meu grande momento e de alguns colegas que também necessitavam acumular horas de voo. Esse serviço com nossos poucos aviões demandava esforço adicional dos mecânicos Osmar Picanço (Pipico) e Nelson Marques (Sapo), além de nossa participação em ajudá-los, assim como tomar as demais providências logísticas para não falhar naquele compromisso. Os voos diários de dois aviões car-

Osmar Picanço, o "Pipico", nosso talentoso e abnegado mecânico.
Por décadas foi responsável pela manutenção dos aviões do ARGS.

regados de jornais e o que de interessante aconteceu nesses voos jornaleiros serão abordados no próximo capítulo. Tamanha dedicação e empolgação em ser protagonista daquele ambiente, somado ao entusiasmo dos novos componentes que assumiram a direção do aeroclube, robustecia cada vez mais minha participação na instituição.

As ideias e ações dos amigos com os quais me ombreava solidificaram mais e mais nosso prestígio. Esses méritos, anos depois, foram fundamentais para que as autoridades decidissem apoiar e prover os recursos para o ambicioso plano de mudar o aeroclube para uma nova sede e um novo aeródromo.

9

SOMANDO EXPERIÊNCIAS

Com os poucos recursos financeiros que possuía para completar as horas de voo necessárias ao curso de piloto comercial, era previsível um longo período de espera. Felizmente e de forma inesperada, surgiu a chance com voos para as praias litorâneas transportando jornais. A ligação de Porto Alegre com o litoral gaúcho pelos anos 1960 era feita pela RS 30. Não havia ainda a autoestrada BR 101 e a rodovia interpraias não estava asfaltada. A distribuição dos jornais no litoral era de grande importância aos veranistas, que ansiavam pelas notícias da capital e do resto do país. As poucas emissoras de TV, além de somente divulgarem programação local, não alcançavam o litoral. O jornal supria os veranistas com informações importantes de que careciam.

Um transporte aéreo desses jornais até as praias era possível em duas ou três horas após o fechamento da edição. A distribuição desses por via rodoviária à praia mais distante só era realizável no dia seguinte. Nas cidades maiores, como Tramandaí e Torres, onde havia pistas, pousávamos para entregar os jornais a um cidadão que lá nos aguardava com seu veículo. As demais praias, em número de nove, recebiam os jornais literalmente por via aérea, já que, devidamente ensacados, eram lançados em voo nos locais balizados por uma bandeira. A operação não era muito simples, pois o piloto ia sozinho carregando os vários sacos organizados no banco traseiro dos PA-18 ou dos Neiva P-56. Além de não errar a sequência das praias, o piloto tinha de voar muito baixo e lento para que os sacos chegassem intactos ao solo. Outro problema era que muitas vezes os ansiosos leitores ficavam aguardando o avião jornaleiro e postavam-se corajosamente no local do arremesso. Havia os que queriam abraçar os sacos lançados e rolavam ao chão se o conseguissem, ante o aplauso dos demais. Na praia de Cidreira, um garoto dos seus dez anos não faltava nunca à espera do avião jornaleiro e já era nosso conhecido. Recentemente fiquei sabendo que aquele garoto era Roberto Costa, que mais tarde se tornou piloto privado, instrutor de voo e finalmente comandante dos MD-11 da VASP. Com certeza algumas outras crianças, fascinadas pelos aviões em seus voos rasantes, foram induzidas a buscar a aviação e a tornar-se pilotos. Importante salientar que aviões e a aviação naqueles tempos usufruíam de grande simpatia do público de um modo geral. Qualquer voo à baixa altura merecia admiração e até aplausos. Os pilotos eram reverenciados e tinham muito prestígio. Para nós, jovens, era uma tarefa incrivelmente excitante. Fazíamos gratuitamente as horas que tanto necessitávamos e ainda curtíamos um voo emocionante sob todos os aspectos. Tinha jeito de importante missão aérea, ou seja, o "jornal sempre deve chegar, custe o que custar", e ainda voávamos rasante na beira das praias, o que, convenhamos, era uma delícia. A operação de alijar o saco com jornais demandava que a pilotagem fosse mantida com a mão direita, mas o saco devia ser lançado pela janela e segurado por algum tempo do lado de fora do avião usando o braço e a mão esquerdos. O vento relativo e o peso de 50 a 80 jornais forçava segurar o saco firme do lado de fora, pressionando aquela carga contra a fuselagem. Na reta de lançamento, o manete do motor era posicionado a 1/4 do curso, com a velocidade em torno de 50/60 milhas por hora. Após lançar o saco, e somente aí, era possível aplicar potência plena para sair do voo rasante, subir e livrar obstáculos. Felizmente nunca houve acidentes nos mais de 100 voos realizados. Eu compunha a equipe dos pilotos destacados para aquelas missões junto aos outros, que eram Luiz Coelho, João Hernani, Frederico Tolla, Helio Maciel, Ubirajara Pinto e Odilon Costa.

Ocorreram também situações curiosas. Coelho, um dos nosso pilotos jornaleiros acertou em cheio uma poça d'água formada pela chuva do dia anterior. Naquele dia os jornais, encharcados, certamente só puderam ser lidos após terem sido pendurados nos varais. Outra vez, na pequena área alvo ao lado do hotel dos engenheiros em Imbé, os jornais lançados pelo Ubirajara erraram o alvo e acertaram a cobertura de telhas francesas, provocando uma reação em cadeia que acabou descobrindo boa parte dos quartos dos hóspedes. A conta das telhas não foi até hoje cobrada dele pelo que soube. Entre as pessoas que curtiam esperar o avião jornaleiro de forma regular, sempre chamavam atenção certas jovens veranistas em suas descontraídas vestimentas de banho. Na praia de Mariluz éramos saudados por elas, que sempre nos abanavam com exagerado entusiasmo. Além do saco de jornais, um bilhete foi jogado e acabou propiciando encontros com elas na pista da praia próxima de Tramandaí. Outros encontros, a partir dali, obviamente se sucederam e até noivados aconteceram.

É importante mencionar que, ante as várias tarefas e atividades desempenhadas, gradualmente eu consolidava mais e mais a confiança do grupo. Lembro que os componentes da diretoria tinham assumido com muita coragem um aeroclube literalmente quebrado. Faziam-no pelo grande entusiasmo em corrigir o abandono dos prepostos anteriores, pela paixão que a aviação naturalmente despertava e muito pela profunda amizade que passou a unir os jovens integrantes da diretoria. Não passava semana sem as célebres reuniões no apartamento da tesoureira Dona Raulina para contar feitos, discutir diversos assuntos administrativos, aparar eventuais atritos e estudar inúmeros projetos para o futuro. Esses jovens atuavam de forma diletante e ali desempenhavam funções muitas vezes em detrimento de suas atividades familiares, estudantis ou profissionais, mas com isso forneciam o sustentáculo para que a instituição continuasse em frente. Lembro com muita consideração de Harry Stadtländer, presidente em 1962, seguido pelos demais presidentes e da incansável tesoureira em exercício desde 1958. Lembro também do nosso diretor social, Anisio Lopes, ao promover bailes de confraternização para integrar sócios à nova família que se formava. Organizava também exposições para a divulgação da escola de pilotagem. E ainda as notáveis figuras dos mecânicos, os quais, com poucos recursos, mas com grande talento,

À esquerda nossa venerável e muitíssimo estimada tesoureira, Raulina de Freitas Lima, e, à minha esquerda, o Presidente Luiz Fernando Coelho de Souza. Ambos foram as mais importantes pessoas com as quais convivi à época e a quem a instituição ARGS muito deve. Raulina foi quem propiciou os voos jornaleiros.

mantinham os aviões em voo. À época havia a rotineira inspeção das aeronaves civis, que era efetuada pela divisão técnica do DAC, através dos sargentos especialistas Ilhescas e Fernando. Era um momento difícil para os nossos mecânicos, já que nem sempre tínhamos os meios para apresentar o avião naquela vistoria cumprindo todas as exigências técnicas. Mesmo com o esforço deles, às vezes um avião não era aprovado na inspeção e demandava uma grande correria para reapresentá-lo e ficar disponível para o voo, principalmente para aqueles voos diários do jornal. Recordo que algumas vezes, por reprovação do avião que usávamos normalmente, tivemos de substituí-lo por um Fairchild T-19, inapropriado para esse tipo do voo. Alguém tinha de ir na cabine traseira e alcançar ao piloto o saco com jornais por baixo do painel. Tínhamos de esticar metade do corpo para fora da cabine, pressionando o jornal contra a parte superior da asa. A missão ficava duplamente difícil. Mesmo com essas dificuldades extras, nenhuma vez a *Folha da Tarde* deixou de chegar às mãos dos veranistas. Aqueles voos e aqueles aviões, sem dúvida, são de grata recordação para quem neles voou e neles passou momentos inesquecíveis. Para não perder a chance, relembro a frota da época e os prefixos dos aviões que trarão boas lembranças a quem os voou. Eram os J-3 PP-TNF e PP-GQH, os CAP-4 PP- HCP e PP-GHG, os Piper PA-18 PP-GIY e PP-GJU, os Neivas P-56 PP-GTC e PP-GXX, o Niess PP-GNN, o Aeronca PP-GAG, os T-19 PP-GGQ e PP-HQC. Conseguíamos manter em voo, em dados momentos e com grande dificuldade, pelo menos a metade deles.

Esse trabalho de transportar jornais de avião até as praias proporcionou somar as ambicionadas horas de voo necessárias, como experiência para a parte prática do meu curso de piloto comercial. Faltava, contudo, fazer o imprescindível exame de saúde de primeira classe, que era realizado somente na Policlínica Central do Ministério da Aeronáutica, no Rio de Janeiro, próximo ao Aeroporto Santos Dumont.

Foto do hangar e da frota de aviões do aeroclube do Rio Grande do Sul pelos anos 60.

10

PILOTO COMERCIAL – SEGUNDO PASSO

Para o exame de saúde, deslocamo-nos ao Rio de Janeiro. O Frederico Tolla, o Odilon Costa e eu. Hospedamo-nos no Hotel Mem de Sá, em Niterói, o que demandava o deslocamento diário nas barcas, visto não existir ainda a atual ponte Rio-Niterói. Era um exame de saúde bem meticuloso que durava mais de uma semana. Exames físicos, psicológicos e complexos psicotécnicos em equipamentos fornecidos à FAB pela aviação naval americana. Verdadeira tortura, com grande pressão psicológica. Uma semana após tamanhas dificuldades, os três recebíamos surpreendente aprovação naquele temido exame. Comemoramos com muita cerveja em um bar na praia de Copacabana. O exame teórico para piloto comercial nós o fizemos a seguir na banca do DAC, em Santa Maria. Para lá fomos de carona em um Douglas DC-3 da FAB, o 2020. Aprovado também no exame teórico, realizei o exame final de voo, onde obtive aprovação pelo Inspetor Júlio Magalhães Alves. O exame de voo, ou exame prático, era feito nos aviões Neiva P-56. A prova incluía também um voo no T-19, para verificação da capacidade do examinando na execução de manobras acrobáticas. A execução desta última era feita em voo solo e o checador ficava assistindo. Fui aprovado e, por fim, recebi a ambicionada licença de piloto comercial, que leva o número 2408.

11

O INGRESSO NA VARIG

Em 1965, a VARIG promoveu uma seleção para pilotos, à qual concorri por já estar habilitado como piloto comercial. Fui aprovado e compus assim a turma de nove novatos, que eram Alziro Davila, Sergio Gomes, João de Paula, Evilasio Pellenz, Lafaiette Stockler, Sergio Cavalcante, Costa Neto, Claudio Scherer e eu. Deslocaram-nos a seguir para São Paulo com vistas à admissão formal. Foi um período que durou seis meses entre as aulas teóricas e voos em simulador, realizado no Departamento de Ensino, sob a chefia do Cte. Haroldo Godinho da Veiga. O ingresso como piloto na VARIG era feito no Douglas DC-3. Nele tive o primeiro contato e pude voar naquele fantástico avião, que muito marcou minha vida. Lembro ter sido no PP-ANG, em 5 de abril de 1966, no voo entre Belo Horizonte e Itabuna. Além do mais, era um avião de infindáveis histórias na Segunda Guerra Mundial, na aviação comercial brasileira e pelo mundo afora. Meu primeiro instrutor foi o Comandante José dos Santos, ex-piloto da REAL. Sofri um pouco com o "Zelão", que não tinha muita paciência, nem vontade para instruir. Contudo, foi um período de grande experiência, que me permitiu conhecer quase todos os recantos deste imenso país. No Douglas voávamos em quatro tripulantes, o comandante, o copiloto, o radiotelegrafista e o comissário. Fui checado em 8 de julho de 1966 como copiloto efetivo no DC-3 pelo Comandante Arnaldo Marques. Foi no voo entre São Paulo via Joinvile, Itajaí, Tubarão e Florianópolis no PP-YPK. Ainda copiloto aprendi a voar por instrumentos usando o ADF, equipamento único a bordo para orientação por rádio. Antes éramos treinados nos simuladores eletromecânicos Link Trainer, instalados no prédio do ensino da VARIG no Aeroporto de Congonhas. Não havia ainda VOR e muito menos GPS. Usávamos para navegar somente as cartas WAC (World Aeronautical Chart), uma régua Jeppesen CR2, transferidor, régua comum e os dois ADFs que o DC-3 possuía. A VARIG e a diretoria de rotas instalaram nos aeroportos as estações emissoras de sinal para esses equipamentos. A maioria, porém, tinha alcance reduzido a poucos quilômetros. Entretanto, nunca soube de alguém ter se perdido no comando do Douglinhas, seu nome carinhoso, voando para aqueles ermos lugares. Para mim foi uma importante fase de conhecimento do país, sentir suas enormes discrepâncias culturais e econômicas, além de voar em tão precárias estruturas, aeroportos de chão batido e poucos auxílios à navegação aérea. A versatilidade e a robustez do Douglas permitiam superar tudo isso e cumprir as missões que lhe eram impostas. Eu começava a me sentir muito bem naquele avião e passei a desenvolver grande sintonia com ele. Os comandantes com quem adiante muito voei confiavam em mim e, sempre que possível, permitiam com muita discrição que eu operasse o Douglas do assento esquerdo, mesmo sendo eu copiloto. A VARIG cobria quase todo o país com sua malha aérea. Outras empresas, como a VASP, a Cruzeiro do Sul e a Sadia, também usavam o DC-3 nessas rotas, chamadas de Rotas de Integração Nacional (RIN).

12
INSTRUTOR NA EVAER – IMPORTANTE DECISÃO

Já solo em rota e acumulando cerca de 200 horas no Douglas, recebi um convite do Comandante Erwin Wendorff, diretor de ensino da VARIG-EVAER. Necessitava de um instrutor para a 11.ª turma, que iniciaria após um longo período de inatividade. Lisonjeado, aceitei e retornei a Porto Alegre, base daquela escola, com a promessa de concorrer à escala do DC-3 nos voos que cobriam o Rio Grande do Sul, Santa Catarina e até um voo internacional para Asunción, no Paraguai. Atuaria como instrutor da EVAER em parceria com o veterano Comandante Martins, segundo oficial de Boeing 707. A base da VARIG em Porto Alegre me permitiria também voar no aeroclube e seguir com as tarefas administrativas rotineiras com as quais tanto me envolvia.

Eu tinha pouco mais de 22 anos e iria ministrar instrução para a nova turma da EVAER, a fim de formá-los pilotos comerciais para a empresa. Essa turma era composta por 12 alunos. Interessante registrar que a VARIG, através da EVAER, admitia pilotos privados e ministrava-lhes o curso de piloto comercial, não apenas gratuito, como ainda fornecia a eles o uniforme e a alimentação para sua estada em Porto Alegre enquanto durasse o curso de normalmente um ano. A vinda para Porto Alegre permitiria manter-me na empresa e, muito importante, como já frisei, juntar-me novamente a meus parceiros no aeroclube. Assim decorreram dois anos até a conclusão de mais duas turmas.

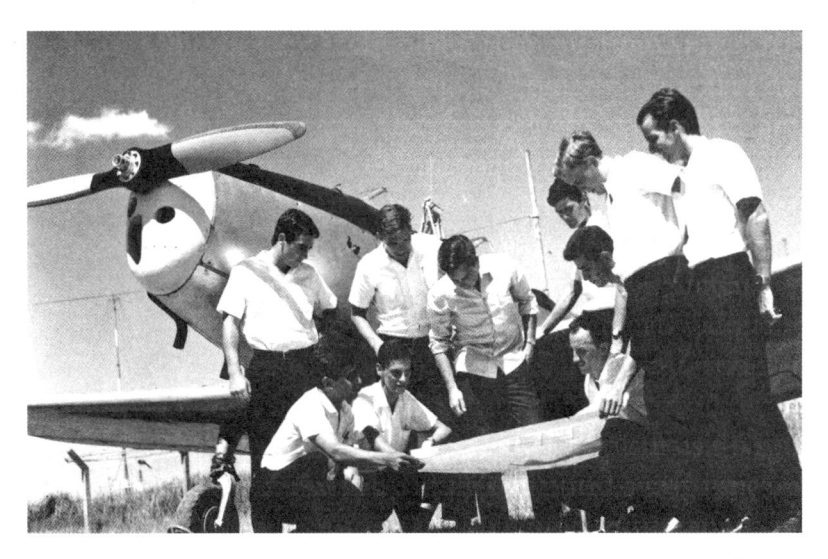

Instruindo alunos da EVAER sobre o voo em rota que a seguir faríamos nos aviões T-19, dentro do Programa de Formação dos Pilotos Comerciais da VARIG.

O período como instrutor para a formação dos pilotos comerciais destinados à linha da VARIG foi muitíssimo interessante. Ministrei aulas de teoria de voo e os treinamentos práticos nos aviões de que dispúnhamos, os Fairchild T-19 e os Vultee BT-15. Revezávamos, o instrutor Domingos Martins e eu, tanto para os voos locais, como os em rota. Usávamos a área de instrução próxima a Viamão para os locais e para os outros as cidades do interior onde os DC-3 da linha pousavam, como Passo Fundo, Cruz Alta, Alegrete, São Borja, Itaqui, Bagé, Pelotas e a Fazenda Joia, pertencente à própria empresa. Geralmente decolávamos em três a quatro T-19 para esses destinos e eu supervisionava a rapaziada voando bem mais alto nos BT-15. Comigo levava os mecânicos Leal ou Airton, da EVAER, para solucionar eventuais panes. Esses voos sempre ocorreram sem incidentes, exceto em uma chegada à cidade de Alegrete, num dia de intenso verão, quando três T-19 pousaram à minha frente, como planejado. Preocupava-me o quarto avião, PP-GFU, pilotado por Pierre Robin. Aproximava-se velozmente um forte temporal, aquele de levantar poeira do chão. Eu me mantive em voo tentando inutilmente um contato com ele pelo VHF portátil. Como não havia mais tempo, decidi pousar logo, já disposto a enfrentar o forte vento de través e de rajadas que começava a soprar violentamente. Na final curta, com muita dificuldade em manter o PP-GRK no eixo, eis que vi o Pierre pousando pela minha esquerda. A grande surpresa para todos é que ele, chegando atrasado e também já enfrentando o temporal, escolheu uma pista perpendicular à que era usada, mas que estava alinhada com o vento de proa. Preocupou a todos, pois a pista que escolhera estava desativada pelo menos há vinte anos. Não recebia qualquer manutenção, sendo até difícil vê-la, com mato alto tomando conta em toda a sua extensão. O avião sumiu no matagal e fomos socorrê-lo apreensivos, abrindo a vegetação com as mãos. O T-19 havia se detido milagrosamente em poucos metros, intacto, embora tenha mudado de cor. Suas asas cor de laranja estavam totalmente esverdeadas, a hélice irreconhecível e o trem de pouso acumulava grama e galhos. Debaixo da chuva, estaqueamos ali mesmo o T-19 sob o temporal, no qual não faltaram raios e até granizo. Não recordo se o recriminei por escolher aquele local que não era nem de longe uma pista, ou se o cumprimentava pela decisão de pousar com o vento de proa, evitando assim acidentar o Fairchild, coisa muito provável de ocorrer se pousasse na pista em uso.

O pessoal do aeroclube nos aguardava para um grande churrasco à noite. O veterano instrutor de Alegrete Gaudencio Ramos agradeceu em discurso a reabertura da pista pelo nosso aluno *francês*. Pierre Robin não escapou de um belo banho de *chopp*, como seria imaginável...

Passado algum tempo, a Escolinha, como a EVAER era chamada, recebeu os novos Cessna 150. Fui convocado para instruir a nova turma com esses aviões já mais bem equipados e mais bem direcionados para a preparação dos futuros copilotos da empresa.

Os T-19 e os Vultee retornaram ao DAC.

Mais uma vez, cessadas as atividades da EVAER, a VARIG determinou minha volta a São Paulo, para adaptação como copiloto nos recém-chegados Avro HS 748, entregues à *Pioneira* pela inglesa Hawker Siddeley. Após outro curso teórico, iniciei os voos como co-

Avião Vultee BT-15, PP-GRK no qual acompanhava supervisionando os voos em rota dos meus alunos da 11ª turma da EVAER. Comigo sempre levava um mecânico para eventualidades.

piloto nesse avião, mais moderno, que pretendia substituir o DC-3. Nele completei várias horas voando na base São Paulo. Consultando a diretoria de operações sobre os passos subsequentes na carreira, fui informado de que haveria uma grande espera para a promoção a comando no Avro e que essa circunstância impunha a previsão de uma estada muito longa em São Paulo. A partir dessas imprecisões, decepcionado, passei a pensar numa atitude que me tiraria o sono por muitas noites. Abrir mão da promissora carreira na VARIG para voltar a Porto Alegre e somar meus esforços aos do ARGS, que tanto os necessitava para sua sobrevivência.

Esse foi o momento de tomar uma decisão extremamente importante, pessoal e profissionalmente.

O presidente do aeroclube necessitava de uma pessoa com disposição plena para as ações relativas à subsistência da entidade. Poderia também, nesse regresso, manter-me voando, transladando aeronaves novas da fábrica Piper dos Estados Unidos ao Brasil. Com essas interessantes perspectivas em mente e sabendo que não seria possível conciliar essas pretensões me mantendo em São Paulo, decidi finalmente, após muita reflexão, abrir mão da carreira na VARIG e voltar a Porto Alegre. Essa decisão posteriormente iria mostrar-se muitíssimo válida, tendo em vista as enormes tarefas necessárias para a mudança da sede do aeroclube. Seria exigível muito tempo disponível para tais ações, projetos, contatos, articulações e trabalhos que se fizessem necessários. A entidade encontrava-se no mais crítico momento de sua existência e na iminência de encerrar suas atividades caso um novo local não fosse definido. A decisão foi realmente muito séria, até porque demandava confiar que o *novo* aeroclube, a ser transferido para Belém Novo, provesse a mim, num futuro não muito distante, uma condição financeira minimamente aceitável. Obviamente tal condição iria depender do resultado do trabalho que deveria desempenhar. Pensava com grande convicção transformá-lo numa verdadeira empresa de formação de pilotos, excepcionalmente qualificada e ainda inexistente no cenário nacional. O presidente ratificava dar amplo apoio para que eu pudesse acelerar tamanha pretensão, a qual incluía não apenas as obras de transferência, mas principalmente a implantação do sistema e das filosofias formadoras, com uma nova roupagem que preconizei e que deveria demonstrar ser possível executar. Com isso, mais adiante, o ARGS poderia absorver-me efetivamente como um funcionário administrador executivo, ou seja, um CEO, como atualmente se denomina essa função.

13

FORMANDO PILOTOS PRIVADOS E INSTRUTORES DE VOO

A ampla gama de atividades vivenciadas por mim em vários segmentos da aviação até então revigorava minhas ações no ARGS. Essas experiências eram aplicadas nos cursos de formação básica e principalmente na de instrutores de voo, os quais representariam para mim o ápice dos meus esforços dentro do ARGS. Nesse momento havia recebido a função extra de diretor técnico. Às atividades de competência dessa função dediquei-me com grande entusiasmo. Estabelecia metas e as expunha à direção para que fossem aprovadas. Trabalhava diuturnamente com grande afinco para torná-las realidade. Estava verdadeiramente tomado de entusiasmo pela atividade de instruir e também pelo amor que crescia mais e mais pelo aeroclube e pelos companheiros que tinha feito. Ainda atuando como diretor técnico e com o apoio da direção, passei a aplicar processos sistêmicos em todos os cursos sob minha responsabilidade. Agrupei os alunos iniciantes em turmas identificadas por números, seguidos do ano em curso. Estabelecia pela primeira vez a aplicação de provas internas, horários e procedimentos simulando as provas finais do DAC. Usei um sistema inédito de só apresentar a exame do DAC àqueles alunos que nas provas internas obtivessem todas as notas acima de 70%. Com isso, em dado momento, as aprovações nesses exames atingiram, por mais de três anos consecutivos, ou seja, por nove turmas seguidas, o incrível índice de 100% de aprovação dos candidatos apresentados nas bancas daquele órgão. O fato surpreendia o DAC e ratificava nossa vocação, alicerçada por essa excepcional performance. O fato foi particularmente útil para as pretensões futuras junto ao DAC.

Apesar de não ter formação militar ou mesmo diplomação em administração de pessoal, essas rígidas orientações e procedimentos foram aplicados por entender necessários e até naturais, ao considerar a aviação uma atividade exigente quanto à dedicação e à disciplina dos seus praticantes. O *briefing* e o *debriefing* eram preenchidos rigorosamente com os comentários devidamente lançados no GIPE, o Guia de Instrução para Pilotagem Elementar, que eu havia criado. Exigia-se do aluno que cada manobra, antes de ser realizada, fosse motivo de trabalho escrito entregue ao instrutor após pesquisa na biblioteca. É importante salientar que *briefing/debriefing* e registros em Guias de Instrução de Voo não eram instrumentos criados ou exigidos pela autoridade de aviação civil na época. Cada aluno recebia somente um instrutor ao longo do todo seu curso. Esse instrutor tornava-se responsável pela qualidade técnica do seu aluno. A cada dez horas voadas, havia o cheque correspondente feito por um instrutor mais experiente. Este averiguava não apenas a performance do aluno em questão, mas também o resultado do trabalho daquele instrutor. Vários outros detalhes menores, como a apresentação pessoal do aluno e a limpeza do avião antes de cada voo eram corriqueiramente exigidos. Tamanho conjunto de exigências e de procedimentos veio a caracterizar a formação de pilotos na instituição como nossa marca registrada, tornando-se nosso padrão. Era então chamada de "padrão ARGS na formação de pilotos", com os consequentes e favoráveis reflexos na vida profissional de cada um, na segurança de voo e no conceito do aeroclube. A peça-chave para a aplicação dos procedimentos citados deveria contar indubitavelmente com a figura do instrutor. Este deveria assimilar tais filosofias e aplicá-las com convicção. A boa formação do instrutor era fundamental para atingir os objetivos.

Vamos voltar no tempo para saber como surgiram esses cursos e como se chegou ao aperfeiçoamento deles.

A formação de instrutores de voo no país inicialmente foi decorrente de uma iniciativa do DAC. A condição básica para o funcionamento de qualquer aeroclube na época era a de que dispusesse de pelo menos um instrutor credenciado. Estes, por várias razões, estavam se tornando raros, e o órgão federal decidiu promover cursos de formação de instrutores para suprir a carência. Decidiu apoiar financeiramente sete aeroclubes previamente selecionados para formá-los. Para o ARGS foram designados oito alunos, dois dos quais vieram de outros Estados.

O primeiro grupo em um curso de instrutores regular, assim patrocinado, foi composto pelos alunos João Casarin, João Krug, Roberto Venturella, João Lacerda, Carlos Marques, Antônio Tarrago, Benoni Guterres e Taylor Sudbrack.

Entretanto, por razões internas, o apoio financeiro do DAC cessou em definitivo após a conclusão dessa primeira turma. A esse curso denominamos como sendo o primeiro. Ante o sucesso que obtivemos, formando todos os oito alunos a nós designados, solicitamos ao DAC para nos manter como formadores para uma segunda turma.

Como não mais haveria o apoio do órgão, propus custearmos com nossos próprios recursos a formação daqueles alunos. Na verdade, os recursos seriam engenhosa e altruisticamente buscados pela nossa tesoureira Dona Raulina. Criamos o expediente do *Livro de Ouro*, no qual empresários faziam doações em dinheiro para causas levantadas por entidades consideradas de utilidade pública, onde nos enquadrávamos à época. Em contrapartida, nossa disposição de reativar o CFI tinha como condição proposta ao DAC que esse órgão deveria prover os aviões para tanto. Esses aviões seriam os T-19, que eu sabia estarem sendo devolvidos pela EVAER ao DAC, tendo em vista a sua substituição pelos Cessna 150, que estavam em fase de importação.

Levei aquele pleito devidamente endossado pelo presidente do ARGS ao DAC e, ante a forte argumentação de prosseguir com os CFIs, recebemos a aprovação à nossa intenção. Assim, foram transferidos para nós três dos aviões desativados da EVAER. Eram eles os Fairchild T-19, PP-GBT, PP-GFU, PP-GFV, que, somados aos PP--HPX, PP-GUE e PP-GZN que já tínhamos, permitiram que, num dado momento, operássemos simultaneamente seis aeronaves, seguramente o único aeroclube brasileiro a ter uma invejável frota do tipo. Para distinguir a excepcionalidade da continuação desse curso, pintei no leme de direção de todos os T-19 a sigla CFIPA, ou seja, Centro de Formação de Instrutores Porto Alegre, vinculando a capital do Estado. Para gerar inspiração aos pilotos, adotei também pintar junto ao nariz de cada T-19 uma gravura aguerrida e/ou evocativa dentro de um círculo.

Para a segunda turma, com a devida aprovação e engajamento do presidente, seus pares e principalmente de sua tesoureira Dona Raulina, criamos o sistema de bolsa rotativa, em que o ARGS forneceria gratuitamente o curso aos instrutores. Estes, após formados, ressarciam o aeroclube, ministrando instrução de voos aos alunos por um período de tempo, não menor que doze meses. Essa fórmula beneficiava os pretendentes à profissão que não dispunham dos valores necessários, mas demonstraram boa vocação para ensinar, conforme averiguado previamente entre os que se destacavam no curso precedente de piloto privado. Esse grupo considero como o iniciante da nova e importante fase do ARGS. A essa turma e as subsequentes passei a dedicar meu maior entusiasmo e esforço, pois seriam o protótipo daquilo que eu tinha em mente de como deveria ser a formação desses profissionais.

À medida que os cursos CFI se sucediam, a seleção para o ingresso foram ficando cada vez mais rigorosas, principalmente por serem muito ambiciosas. Os sete formados da segunda turma foram Telmo Nunes, José Medeiros, Evian Leandro, Erwino Rescke, James Trombini, Guilherme Thormann e Zanir Lazeri. Após cumprirem suas obrigações para com o ARGS, foram requisitados, depois de formados, para instruir e aplicar seus conhecimentos em outras escolas sediadas pelo país. Por lá multiplicaram os preceitos aqui aprendidos, gerando importantes e boas modificações, inclusive nos métodos administrativos. Este segundo CFI, genuinamente ministrado pelo ARGS, assim como todos os doravante efetuados, diferiam muito do original propiciado pelo DAC. Os admitidos percebiam e correspondiam ao quanto deles era esperado, face ao esforço da instituição, que não mais dispunha de verbas federais. O comportamento disciplinar mantinha-se espontâneo e a dedicação era exemplar. Éramos todos, alunos e instrutores, muito jovens e não tínhamos uma autoridade maior presente, fato que me trazia preocupações.

Criamos a comissão de disciplina e segurança de voo, o CDSV, para apreciar casos que merecessem ação moderadora na busca de manter a segurança. Incluímos na formação, além da teoria e do voo, a educação física e vários trabalhos extracurriculares, buscando a melhoria de suas formações. Introduzimos o uniforme, macacão que eu mesmo desenhei, a ser usado de forma permanente quando nas dependências do ARGS.

Mais adiante criamos o GIPE. Este guia constituía-se na primeira aplicação de um método gráfico de controle evolutivo da instrução dos alunos. Era um documento que introduzia preceitos qualitativos a serem alcançados no voo. Posteriormente também introduzi para os novos instrutores em curso CFI a execução compulsória dos *check-lists* para cada avião e para cada fase de voo. Na época era utilizado somente o CIGEMAC, uma lista de verificação apenas mental e só executada antes da decolagem.

Enfatizei a importância do idioma inglês. Por um período usamos o *check-list* em inglês, o que a muitos parecia um exagero.

Conforme relatado, os aviões usados nesse curso eram os T-19, que também se constituíam num diferencial apreciável. O Fairchild era um avião dócil, de comandos extremamente leves, cuja característica principal era ser um inigualável treinador. Era harmônico nos três eixos; oferecia ao piloto 175 cavalos de potência, que era o mínimo necessário para erguer seus 900 quilos. Essa condição deixava seus pilotos muito atentos na busca de uma pilotagem suave e bem planejada, o que lhe conferia excelente condição para a formação de bons pilotos.

Dispondo de um avião assim e também de um excelente material humano totalmente comprometido, era possível obter resultados excepcionais. Os treinamentos providos nos acampamentos aéreos, incluídos em todos os CFIs dali em diante, reforçavam o pretendido. Esses acampamentos ainda serão descritos.

Como já visto, o DAC, ao financiar o curso para a primeira turma, estabeleceu que o instrutor deveria ressarcir o curso recebido, prestando serviços de instrução de voo por dois anos na entidade designada pelo próprio órgão. Utilizamos a mesma forma de ressarcimento, ou seja, os instrutores formandos, a partir da segunda turma, ministrariam instrução de voo sem custos ao ARGS pelo período de no mínimo um ano. Esse sistema foi repetido com sucesso por vários anos quando, em cada período formávamos uma turma em média de oito novos instrutores. As dezenas de pilotos formados no sistema CFI, ao ingressarem nas empresas aéreas, passaram a ser reconhecidos pelo comportamento pessoal e profissional. Não foram poucas as vezes que recebíamos elogios de comandantes e de dirigentes das companhias que os contrataram.

Em resumo, foram mais de 20 CFIs no padrão original, quando no mínimo 100 instrutores foram diplomados. O sistema CFI constituiu-se numa forte marca registrada do ARGS, continuamente revivida vários anos depois nos encontros, quando a maioria dos pilotos já eram laureados comandantes de quatro faixas. Com certeza, nunca na aviação civil brasileira uma marca foi tão fortemente impressa como resultado do trabalho aqui desenvolvido. Lamento que, para os instrutores dos tempos atuais, a atividade de instruir é encarada apenas como um meio de atingir a condição de piloto de linha aérea.

Não se aplica mais a estimulante formação em grupo ou a imposição de um período mínimo de maturação desse profissional. Em realidade, ocorrem somente adaptações desse curso ao fator tempo, à disponibilidade financeira do candidato e às formatações gráficas dos manuais teóricos da ANAC. Não há critérios práticos para verificar a necessária vocação para instruir ou a habilidade de ensinar a partir da cabine de um avião.

Ao encerrar este capítulo, entendi importante e necessário registrar os nomes daqueles a quem confiamos a missão de ensinar a voar. Coube-lhes multiplicar a filosofia que adotamos. O honesto desempenho deles, somado à eficiente atuação dos diretores do ARGS que compartilharam de idêntica filosofia, resultou na nossa grande projeção como entidade de ensino *sui generis* no cenário nacional. Em homenagem aos ex-instrutores de voo do primeiro e de segundo CFIs anteriormente relacionados, completarei a relação para permitir o registro do longo período vivenciado sob a sigla CFI. A relação se atém ao nome de guerra com que cada companheiro participou no curso e tornou-se conhecido:

3.º CFI – Airton, Cardoso, Celso, Dinapoli, Falkenbach, Fay, Marquardt, Martin, Plautz, Romulo e Togni.

4.º CFI – Brandalise, Dutra, Pedroso, Szablick, Venhofen e Venzon.

5.º CFI – A.Carlos, Calliari, Gregory, Momo, Sardi e Ullmann.

6.º CFI – Chiarello, Ciulla, Hoff, Lauro, Leonardo, Martini, Scherer, Ubiratan e Vanti.

7.º CFI – Gomes, Hugo, J.Batista, Schmidt e Velton.

8.º CFI – Beiersdorff, Bonacheski, Costa, Duha, Fontenella, Moreira, Traverso e Wagner.

9.º CFI – Amaral, Führich, Gibk, Giron, Matte e Saraiva.

10.º CFI – Fries, Haas, Lautert, Orestes e Paz.

11.º CFI – Burtet, Getulio e Simonis.

12.º CFI – Brod, Donat e Jorge.

13.º CFI – Cecconi, De Gasperi, Sporleder, Ventura e Waick.

14.º CFI – Carla, Carlos, Luiz Eduardo, Renan, Silas e Tretesky.

15.º CFI – Colvara.

16.º CFI – Albarus.

17.º CFI – Gurgel, Mendes e Volpe.

18.º CFI – Christian, Lora, Takagi e Tavares.

Subsequentes turmas continuaram sendo formadas e seus componentes, como os anteriores, deixaram excelentes contribuições à entidade. Esperando não esquecer alguém, cito os nomes com que ficaram conhecidos no ARGS e posteriormente na carreira profissional: Amaral, Augusto, Bastos, Brandelli, Bueno, Cardoso, Castelo, Centeno, Chedieck, Conceição, Concli, Costa, Czopko, Cypel, De Cesare, Dornelles, Dutra, Elichei, Fonseca, Fontana, Francis, Francisco, Giron, Gustavo, Guagliardo, Jackes, Jiuliano, L.Fernando, Louzada, Mansur, Macedo, Marcel, Marcelo, Marconi, Marques, Mentz, Morsch, Moura, Mussoi, Nikki, Nogueira, Pacheco, Palazzo, Pantoja, Pena, Perini, Poli, Preissler, Rafael, Renato, Ricardo, Rigotti, Salton, Sato, Sarmento, Soldan, Stefani, Tarcisio, Thomaz, Toledo, William, Zancani e Zharedine.

14

OS ACAMPAMENTOS AÉREOS

Por um bom período, tornou-se comum deslocar parte de nossas atividades de instrução para outras cidades. Criei acampamentos buscando treinar os alunos e os futuros instrutores a voarem em aeródromos diferentes de sua base original, em Canoas. Os acampamentos em Tramandaí e Capão da Canoa também ocorriam pelo fato de que muitos usuários e alunos veraneavam no litoral e podiam nesses locais dar prosseguimento a seus voos. Como a pista do ARGS em Canoas nesse momento começava a sofrer frequentes interdições por parte do Comando da Aeronáutica, esses acampamentos passaram a ser uma boa alternativa para não interromper os treinamentos.

Eu havia lido sobre as iniciativas da VAE nos anos 1940, quando deslocava alunos e pilotos para aproveitar as colinas em Osório, excelentes para voar com planadores. Eram realizados por ser uma forma de observar a disposição dos jovens em mostrar sua vocação sob um clima agreste e exigente, em que o auxílio mútuo era indispensável. Sabia que a VAE, por sua origem germânica, adotava métodos praticados por seus antecessores na Alemanha, em que os sistemas de formação dos pilotos tinham uma característica semelhante ao escotismo. Porém, mais tarde, como se sabe, lá assumiram uma postura de formação essencialmente militar.

Em nossos acampamentos, certas nuances daquele método formador encaixavam-se adequadamente aos aspirantes da profissão que formávamos, até porque grande parte deles tinha idades entre 17 e 20 anos. Formados, estariam isentos da prestação do serviço militar convencional, que na época era obrigatório. Assim não era nada mal adicionar aos acampamentos um clima rígido ao exigente e diferenciado desempenho da atividade aérea. Logicamente os participantes dos cursos e especialmente os que estavam na fase de formação para serem instrutores, os chamados CFIs, eram os maiores beneficiados.

Tomados de empolgação, cada acampamento era precedido de diferentes tarefas, que eram distribuídas entre os aspirantes a instrutor. Tínhamos de conseguir emprestadas da FAB as barracas, os tonéis para o combustível dos aviões e provisões de alimentos. O preparo dos aviões e várias outras providências eram meticulosas, já que toda a atividade aérea deveria prosseguir com segurança e com muito mais atenção e cuidado do que aqueles praticados na base original, em Canoas.

Realizamos 14 acampamentos. O primeiro deles foi em 9 de outubro de 1971. Usamos, além das pistas no litoral, algumas poucas vezes as de Canela, Venâncio Aires, Mostardas e Montenegro. Com duração média de 20 dias, montávamos barracas no terreno das pistas citadas. Levávamos ainda tonéis de combustível para os aviões. Realizávamos, além das instruções de voo normais em suas respectivas etapas, as que chamávamos de *missões*. Eram atividades árduas, física e até intelectuais, as quais, de tão peculiares, marcaram profundamente a memória de cada um dos seus participantes.

Os acampamentos, úteis aos alunos na formação básica, eram na verdade muito mais importantes para a formação dos novos instrutores pelos CFIs. Com essa única e estimulante condição, aumentávamos a quantidade das horas de voo no período, fator muito importante à subsistência da entidade. Nessa circunstância de treinamentos diferenciados, estendíamos aos alunos e pilotos a possibilidade de estar moldando melhor seu futuro num ambiente que aprimorava a técnica dos treinamentos e incentivava a camaradagem. Dormiam nas barracas, cozinhavam na tenda-rancho, assistiam a palestras e aulas sobre segurança de voo, meteorologia, aerodinâmica e ainda boas doses de civilidade. Os dias começavam com o hasteamento da bandeira nacional, seguida da frenética atividade de abastecer, inspecio-

Alunos do curso CFI no acampamento de verão na pista de Tramandaí, anos 70. Ao fundo, os aviões Fairchild T-19 usados.

nar, limpar e encerar os aviões. A limpeza era uma regra conceitual no trato com a máquina que os levaria aos ares. Após o café, havia o *briefing* do dia e conforme escala os voos saíam em horários rígidos às áreas determinadas. A partida dos motores era simultânea, a posição no cheque de cabeceira era conjunta e os 4 ou 5 aviões escalados deveriam alinhar-se com absoluta simetria de 45 graus para iniciar as verificações pré-decolagem. Os motores seriam acelerados exatamente no mesmo momento para o cheque de magnetos, assim como a movimentação dos comandos, tudo com o máximo de sincronia. Criava-se um senso de unidade da esquadrilha e a indispensável sensação de compor uma equipe, onde ninguém deveria falhar ao estabelecido, para assim contribuir com o sucesso na missão. Dentre as várias missões propostas, havia a de busca, a de apoio aéreo, a de patrulha e a do tanque vazio, descritas a seguir.

15
AS MISSÕES NOS ACAMPAMENTOS

Uma das missões programadas era a de *busca*. Consistia em localizar e identificar um objeto flutuando no mar. Eu levava em um avião J-3, com porta aberta, balões presos a um longo fio e uma lata com pedras para servir de âncora na outra extremidade. Em voo, punha para fora a lata presa ao fio e a uns 300 pés de altura, os jogava para fora do avião. Para tanto tinha que praticamente estolá-lo. Se assim não fosse, os balões cheios jogados pela porta iriam estourar no vento relativo ou ao chocar-se com o profundor do avião. No regresso, ao pousar, dava a cada uma das tripulações prontas para o voo um envelope com a missão que era a de localizar, nas coordenadas fornecidas, um objeto identificando-o em seu formato e cor. Cada avião tinha exatamente 20 minutos para sua missão, e o subsequente só decolava ante o retorno do anterior. Na volta entregavam relatório identificando o objeto e suas características, se o tivesse localizado.

Outra missão que despertava grande excitação era a de "proteger o acampamento" de um ataque aéreo que chegaria por avião não pertencente ao grupo. Este viria de direção aleatória e em hora incerta, dirigindo-se para um ataque, a 3 mil pés sobre o acampamento. Um avião era mantido continuamente em voo, circulando sobre a base e revezando-se a cada 20 minutos com outro que estava de prontidão no solo. O avião defensor só poderia voar entre 1.000 e 2.000 pés. Geralmente eu pilotava o avião atacante e sobre o campo alijava um balão de bom tamanho e bem visível, que descia lentamente. Se não fosse detectado e estourado em voo pelo avião defensor e este balão atingisse o solo, "estaria explodindo" o acampamento, e a base estaria derrotada. O avião defensor, em sua missão, deveria eliminar o balão ao colidir com ele, porém somente entre as alturas determinadas, impedindo assim que chegasse ao solo. Logicamente, caso o avião interceptador fracassasse, a base estaria perdida, e todos os seus integrantes pagariam um preço. Nesse caso estariam suspensas as saídas à noite ou haveria outras punições, como encerar novamente todos os aviões.

Certa feita, no *briefing* noturno, com todos reunidos na barraca, chegou uma urgente comunicação via telegrama do serviço meteorológico do Aeroporto Salgado Filho pedindo "recuperássemos uma sonda" que havia caído próximo à cabeceira. Toda a encenação fora combinada previamente com o Sr. Cassal, da estação-rádio da VARIG, anexa ao aeródromo. Cassal, esbaforido pela *urgência*, entregou o telegrama durante a janta do pessoal. Ocorre que o local maleficamente designado ficava na cabeceira da pista, onde havia um cemitério. O grupo escalado para tal busca, após partir na missão, deparou-se na escuridão com um muro, após a caminhada de mais de um quilômetro, o qual se situava nas imediações da cabeceira oposta. Com receio indisfarçável, o muro foi transposto, mesmo já identificado como sendo de um cemitério. A tenebrosa busca na escuridão entre os vários túmulos resultou no insucesso da missão. O tal balão meteorológico nunca existiu e aquela missão resultou em fracasso, exceto pela demonstração de coragem do desafortunado grupo, já então desconfiado de que era mais um blefe dos tantos que apimentavam os acampamentos.

A missão de "cobertura aérea": os acampados eram divididos em dois grupos, o vermelho e o azul. Montavam subacampamentos satélites nas extensas dunas da praia de Cidreira, distantes entre si cerca de 1.000 metros, porém sem se avistarem. Durante a noite havia a tensão de um possível assalto por terra do grupo oponente e os vigias designados ficavam em contínuo alerta. Ao amanhecer, o avião *amigo*, em voo baixo, lançava o café da manhã enrolado em cobertores.

Pelas 10 horas, o avião *inimigo* plotava a posição antagônica e informava a seu grupo por um bilhete lançado de bordo, a direção e a distância em que estavam. Após o meio-dia, ambos os grupos recebiam do avião *amigo* uma mensagem de levantar acampamento e deslocar-se em rumos convergentes. Cada grupo possuía uma bússola e cada componente recebia uma *vida*, que era representada por um pequeno balão de borracha amarrado atrás, no pescoço. No encontro fatal que ocorreria sobre as dunas, haveria um embate corpo a corpo inevitável, cada qual querendo estourar o balão do *inimigo*. O grupo vencedor, que tinha maior quantidade de balões intactos, finda a refrega, era brindado com um churrasco, pago, logicamente, pelo grupo antagônico. Tudo terminava amigavelmente num *debriefing*, onde os eventos ocorridos eram analisados técnica e jocosamente entre os contendores.

Outra eletrizante missão era a do *tanque vazio*, quando eram montados dois acampamentos satélites, providos de um avião cada, cinco componentes e uma pequena barraca, ambas montadas nas cabeceiras opostas da pista em uso. Os aviões eram cedidos sem combustível

Aviões T-19 pilotados por alunos CFI em missão "cobertura aérea", sobre a praia de Tramandaí.

a cada grupo, denominados azul e vermelho. Quem conseguisse abastecer seu avião mais rapidamente poderia decolar e atacar o oponente na cabeceira oposta. Sua munição eram tomates maduros! E onde conseguir o combustível? A informação dada dizia que um avião *neutro* jogaria em voo, no centro do grande lago próximo, 20 litros num contêiner flutuante. Cada grupo presenciou o avião *neutro* chegar e lançar o combustível na água. Isso feito, restava apanhar o contêiner por primeiro. Um bom nadador atirou-se à água nadando em direção ao galão. Viu-se, entretanto, frustrado, pois seus oponentes, mais espertos, conseguiram um bote de um morador próximo e apanharam o combustível primeiro. Chegando à margem com os 20 litros, restava percorrer a pé uns mil metros até a pista onde estava seu avião, não sem correr o risco de um assalto dos demais frustrados oponentes, que tentariam interceptá-los no trajeto. Numa das vezes o chefe vermelho alugou um cavalo velho e disfarçou-se vestindo um poncho, uma grande capa de gaúcho, embaixo da qual escondeu o galão com a gasolina e partiu em direção à sua base, próxima. Com o cavalo andando a passo chegou a passar pelos oponentes sem que o percebessem. Entretanto, como fazia muito calor, alguém suspeitou da razão de um gaúcho vestir aquela capa. Apesar de surrar o cavalo, este, na duna de areia, não acelerou o suficiente, e o cavaleiro foi interceptado e puxado ao chão com combustível e tudo. O grupo azul levou a gasolina e o grupo vermelho levou somente os tomates jogados em voo pelo Neiva, que, depois de abastecido com o combustível recuperado, decolou para a missão.

A sucessão de missões semelhantes às descritas, tiveram o mérito de marcar de forma indelével um período importante na vida de cada jovem, conciliando sua formação técnica com uma inesquecível camaradagem, que somente surge em situações de provocada competição. O avião sempre fazia parte daquelas missões e, logicamente tinha de ser operado com responsabilidade, mantendo sempre, prioritariamente, o preceito de não incorrer em incidentes ou acidentes, não obstante o entusiasmo e a empolgação que essas missões geravam. O autocontrole e o respeito aos limites recrudescia como amálgama e compunha um processo formador totalmente inédito entre as instituições semelhantes.

As missões que incluíam a participação dos aviões, não obstante fossem fora das rotinas programáticas dos cursos ministrados, tinham a virtude de fomentar essa autodisciplina. As circunstâncias propostas promoviam um acelerado amadurecimento daqueles jovens, principalmente aqueles em preparo para, logo adiante, ministrarem instrução a outros iniciantes ou mesmo evoluírem para outras atividades aéreas escolhidas. Nos vários acampamentos, jamais registramos qualquer acidente ou incidente. Sempre tive muito orgulho, não apenas da confiança em mim depositada pela direção do ARGS para chefiar tais acampamentos, como também por tê-los promovido nessas circunstâncias. Quando descrevo aos atuais alunos as missões que faziam parte daquelas inéditas atividades, percebo uma certa descrença, sem dúvida compreensível, pois são impensáveis de serem sequer imaginadas nos dias atuais. Os organismos reguladores ficaram extremamente rígidos e cerceiam qualquer saída fora dos conteúdos programáticos, sem falar nas prováveis imputações de responsabilidade na área civil se viesse a ocorrer um acidente.

Na barraca que servia de *mess*, futuros instrutores atentos para cumprir as missões impostas.

16

OS SALTOS DE PARAQUEDAS

O Brigadeiro Deoclesio de Lima Siqueira instituiu, através da Divisão de Aerodesporto, as categorias A e B entre os aeroclubes do país. Seriam da "A" aqueles que concentrassem todas as atividades estabelecidas, entre as quais a formação de paraquedistas. Em junho de 1976, compramos para tanto um Cessna 172, PT-BUG, que nos custou CR$ 156.500,00 cruzeiros. Para essa aquisição, feita a prestações, servi como fiador. Posteriormente, vendemos o avião ao Sr. José Berg. Com a venda e algum valor adicional, comprei da Eni Air, no Campo de Marte, outro 172, melhor equipado e mais novo, o PT-CMR. Os instrutores para os cursos PQD foram o Otacílio e o Aquiles.

Como em Canoas era impossível voar alto para propiciar os saltos, usávamos as pistas de Montenegro, Sapiranga ou Tramandaí. Mesmo com a apreensão de alguns instrutores do CFIPA, eu incluí pelo menos um salto obrigatório aos futuros profissionais, já que usaríamos os aviões T-19, providos de paraquedas, e o treino poderia vir a ser útil. Para dar o exemplo, eu fui um dos primeiros a saltar com o paraquedas modelo TU, que usávamos. O primeiro salto foi feito a partir de um Neiva P-56, com porta removida. O piloto escalado foi o João Batista. O JB, como era conhecido, tinha de manter a roda bem freada, já que sobre ela me apoiaria quando fora do avião. Ao atingirmos o PS, ponto de saída, com a ordem do piloto, saltávamos. Éramos 15, e todos saltaram sem arranhões, embora com duas ou três incursões imprevistas em galhos de árvores fora da área de pouso.

Não havia facilidades para registros fotográficos, como os de hoje em dia. Se houvesse, teríamos colhido, se não as hilariantes cenas das aterrissagens, pelo menos as muito tensas feições dos nossos futuros instrutores ao embarcarem nos aviões para os lançamentos.

Nosso aluno CFI Roberto Costa relatou assim suas inesquecível experiência: "O salto era do tipo enganchado, isto é, a fita que comanda a abertura fica presa ao avião e o paraquedas abre automaticamente. Ocorre após uma queda livre de cinco segundos, quando então sobrevém um forte ruído e uma brusca freada, decorrente da súbita abertura. Após certificar-me de que tudo ocorrera dentro do previsto, me dei conta do belo visual que tinha aos meus pés. Fui levado pela brisa e passei a desfrutar o inesquecível momento. Quando me dei conta, tinha-me afastado perigosamente do alvo onde deveria aterrissar. Tratei de usar os batoques, ou seja, os comandos que abrem pequenas janelas no velame para direcionar o paraquedas. A ação, porém, não ocorreu com a efetividade que desejava, e eu estava sendo levado em direção a uma favela. Optei por evitá-la, e a única alternativa era uma mata de eucaliptos, para onde me dirigi. Lembrei-me do treinamento recebido no curso e adotei a posição prevista de impacto. Eram árvores bem altas e na queda fui quebrando vários galhos, até ficar dependurado a uma altura considerável. Consegui agarrar um dos galhos próximos e com muito cuidado um tronco maior, por onde fui descendo. Foi um salto inesquecível, sem a menor dúvida! Posso até repeti-lo, mas só o farei em último caso, se meu avião estiver em pane total, pegando fogo."

Os saltos de paraquedas como treinamento adicional dos instrutores foram aplicados somente a uma das turmas CFI.

17

UM AVIÃO ABATIDO SOBRE PORTO ALEGRE

Esta seria a manchete de capa nos jornais da cidade naquele inverno de 1965 se o tenente e o sargento que tripulavam o T-6 da FAB quisessem obter uma promoção naqueles conturbados tempos da Revolução de 1964. O país experimentava um período de exceção rigorosa e o voo de qualquer avião civil tinha de receber aprovação prévia da unidade militar do Exército. No documento de autorização, deveria constar o prefixo, o nome do piloto, de cada passageiro e a rota a ser voada. Após o pouso no destino, o piloto deveria obrigatoriamente dirigir-se à unidade militar local para ter aquele documento conferido e carimbado para o retorno. Em cada pista do interior havia soldados que cercavam o avião tão logo pousasse. Já para os voos locais tal autorização não era necessária; apenas um registro diário de movimentação a ser protocolado.

Decolei muito tranquilo naquela manhã no Neiva PT-GTC para um voo local sobre Porto Alegre. Levava um rapaz em seu primeiro passeio de avião para um voo panorâmico sobre a cidade. Nivelado a 2.000, pés observávamos a cidade embaixo de nós quando, de repente, surge um T-6 da FAB ultrapassando-me pela direita. Sob a asa esquerda passa outro T-6, também muito próximo. A seguir, o primeiro, desta vez com trem de pouso abaixado e mais lento, se aproximava sob minha asa direita. Tinha a capota dianteira e a traseira abertas. Pensei ser um voo de molecagem dos militares a fim de assustar-me, e acenei cordialmente. Não obtive a recíproca, mas sim duas caras sisudas, e até pude reparar gestos de reprovação, enquanto apontavam energicamente para o Aeroporto Salgado Filho, próximo de onde estávamos. Meu passageiro estava assustado e preocupado, enquanto eu fazia 180 graus de curva, perdendo de vista, momentaneamente, os dois T-6. Aproando a pista de SBPA, fui novamente interceptado, desta vez por ambos com trem em baixo e, o pior, com a sensação ruim de uma metralhadora nas mãos do ocupante do assento traseiro, que vez por outra a apontava em minha direção. Senti um calafrio por não ter a menor ideia do que se passava. A única certeza, obviamente, é que devia estar metido numa encrenca das grandes, cuja origem ou tamanho não imaginava. Era clara a intenção de estar sendo obrigado a pousar no Aeroporto Salgado Filho. Ainda confuso e sem saber qual o motivo daquela enrascada e sem poder avaliar a consequência do ato, ao interceptar a reta final da pista 10, decidi aplicar potência plena no meu avião, curvar forte à esquerda, aproando e descendo veloz na direção da pista do aeroclube, que ficava a poucos minutos do Salgado Filho. Olhando para trás, avistei um dos T-6 arremeter com uma forte curva à esquerda. Foi uma atitude irracional que poderia ter consequências bem graves caso o título sugerido no início desta descrição viesse a ocorrer... Lembro que todos os T-6 da Base Aérea de Canoas estavam equipados com metralhadoras .50. Já na final da pista 13, em Canoas, o primeiro T-6 me alcançou e passou à minha frente por baixo com muita velocidade. Tocou o solo logo adiante, levantando uma grande nuvem de poeira vermelha, devido às fortes freadas. Pousei logo a seguir e saí rápido na intersecção, já que o segundo T-6, vinha logo atrás de mim e não seria nada bom ser atropelado por ele. Ao dissipar a poeira, vi o primeiro T-6 que ameaçou me abater, parado com motor cortado a 180 graus da direção do pouso. Havia feito um violento *cavalo de pau* parando a menos de 10 metros de um enorme valão que margeava a cabeceira oposta. Caramba, pensei eu, sem querer quase abati o avião *inimigo* que me perseguia e poderia até ter me derrubado.

Parei, desliguei o motor e vi o sargento da metralhadora pular do seu avião e correr esbaforido na minha direção. Levantei as mãos e pedi ao meu passageiro fazer o mesmo. Fomos com certa rudeza conduzidos até a sala do Major Pouman, Chefe do Serviço Secreto, junto ao prédio do QG, próximo ao local onde pousáramos. Com um holofote na cara, fui metralhado, não pelo sargento que me trouxe, mas pelas perguntas do major.

Três horas depois as coisas se aclararam. A razão de todo aquele episódio foi que alguém na sede do Terceiro Exército, na zona central da cidade, ligara para a base aérea por ter visto que um avião lançava panfletos com teor subversivo. Na Base Aérea de Canoas, os aviões mantinham-se em contínuo alerta e prontos a decolar de imediato caso acionados.

Em verdade, os panfletos em questão foram lançados do Edifício Sulacap no momento exato de nossa passagem sobre a região central da cidade. Isto fez parecer que quem jogara tais folhetos era o avião que haviam visto. Depois de intensos questionamentos e após a verificação de que nada tínhamos a ver com o assunto, liberaram-nos para taxiar de volta até o hangar do aeroclube, que ficava ao lado do próprio QG. Nunca mais soube do passageiro que passou comigo por aquele aperto. O que soube com certeza foi que ele nunca pagou o voo panorâmico que tinha contratado e também não mais apareceu no aeroclube para fazer qualquer outro voo.

18

UM INUSITADO VOO NA ALA

Estava em Canoas me preparando para decolar para um voo local no Citabria PT-ITN, quando recebi uma ligação telefônica do Comandante João Casarin. Falou-me que estava no solo no Aeroporto Salgado Filho e que em minutos decolaria da pista 29 com destino a São Paulo. Informou que pretendia passar com seu Boeing próximo aos hangares a fim de saudar o pessoal do aeroclube, e perguntou-me se eu estaria lá ou voando. Falei que também estaria em voo nas imediações. Despedimo-nos e decolei para um voo alto, a fim de prosseguir na instrução ao meu aluno. Passado um tempo, fui chamado na frequência VARIG e o vi nivelando lá embaixo, perguntando se o estava avistando. Ante minha confirmação, manteve seu voo reduzido, como se estivesse propondo algo. Conhecendo o amigo, não precisei de maiores detalhes. Abandonei os três mil pés, descendo muito veloz em sua direção, para encontrá-lo com relativa facilidade. Seguindo aquele B-737, em voo bem reduzido, consegui alcançá-lo e, talvez por alguns segundos, acompanhá-lo. Emparelhei próximo à asa esquerda do Boeing, atento para não me aproximar do vórtex daquela asa, a qual certamente me faria girar vários tunôs involuntários.

Voamos por alguns segundos num improvável, inédito e, dirão muitos, inacreditável voo de formatura. Um teco-teco de 800 quilos e um comercial de 60 toneladas lado a lado! Em cada janelinha do jato havia uma cabeça olhando para meu avião com natural espanto. Olhos certamente se arregalaram mais ainda quando o avião amarelinho abandonou a surreal formatura, engrenando um meio *looping* de despedida. Aquele fantástico voo terminou sem nenhuma consequência, exceto marcado em nossas memórias. Ninguém reclamou. Eu também não. Apenas meu aluno ficou desconsolado e por meses lamentou não ter sido avisado que um voo daqueles iria ocorrer. Mais ainda, por não ter levado a bordo sua máquina fotográfica...

O avião Citabria PT-ITN voando por poucos segundos ao lado do Boeing da VARIG.

19

O AVIÃO QUE "JOGOU" DEMAIS

Esta jocosa história acentua parte da minha extensa relação com o avião DC-3, conforme será visto nos capítulos 45 e 46 ao final ao livro.

Em um domingo, dia 14 de junho de 1967, cedo, fomos acionados para um voo extra de última hora. O chefe da escala de voo Heyer nos informou que deveríamos conduzir um time de futebol para uma partida decisiva na cidade de Santa Maria. O piloto escalado para esse voo era o Comandante Denis Benitez de Medina e o avião um DC-3 de prefixo PP-VBW. Eu sabia que Denis detestava levantar cedo e eu já esperava que chegasse, além de atrasado, de muito mau humor. Autorizei o embarque dos passageiros, que, vestindo suas camisetas vermelhas, entraram no DC-3 fazendo bagunça. Minutos após, Denis subiu apressado, ajeitando a camisa e a gravata enquanto passava pelo corredor do Douglas entre os inquietos jogadores. No caminho foi obrigado a ouvir provocações do tipo, "...aí... chegou o motorista!", "...estamos atrasados, precisa que empurre?", e "...será que tem de dar manivela para este negócio voar?" Denis sentou-se no assento da esquerda, irritado, ainda meio sonolento, e mandou que eu decolasse. Nivelei a 4.000 pés, onde encontramos turbulência leve. Poucos minutos após, o comissário abriu a porta de nossa cabine, reclamando não conseguir acalmar as brincadeiras e a gritaria da rapaziada. Denis, agora bem mais mal-humorado que antes, lhe disse: "Vai lá para trás, acho que sei como acalmar teus passageiros!" Ele ligou o aviso de "atar cintos / não fumar" e pediu a mim transformar a turbulência, que era leve, em uma um *pouquinho* mais forte. A cada cinco minutos um de nós assumia os comandos com muita dedicação, aplicando o manche para baixo e para cima, leme para ambos os lados e eleron conjugado, de forma muito bem descoordenada. Sem demora, obtivemos um exemplar comportamento da rapaziada lá atrás, nenhuma gritaria, exceto ruidosos reclamos estomacais. Muitos saquinhos de enjoo foram utilizados nos minutos faltantes para o pouso em Santa Maria.

Ao desembarcar, todos, sem exceção, estavam muito pálidos, incluindo a comissão técnica e os dirigentes.

Soube posteriormente terem retornado de ônibus, todos de mau humor, ainda mais que foram derrotados por 2 x 0.

Naquele dia provamos que o DC-3 também pode "jogar um bolão", mas, claro, somente quando provocado...

20
UMA FILIAL NO CENTRO DA CIDADE

Paralelamente ao grande empenho na formação de instrutores de voo, continuávamos desempenhando outros trabalhos ligados às melhorias da infraestrutura de que dispúnhamos. Soube que o ARGS possuía uma sede abandonada no centro da cidade, à Avenida Borges de Medeiros. Seria ideal para facilitar o deslocamento de alunos, já que a maioria vinha de Porto Alegre. Essa instalação havia sido construída sobre um terreno doado pelo governo estadual em 28 de março de 1954 para sediar o que seria a "Casa do Aviador Gaúcho", que ficaria sob a administração do ARGS. Na gestão do Presidente Frederico Kummecke Filho, em 1957, a diretoria propôs à empresa Apartamentos Nobre Ltda. construir um prédio sobre o terreno doado. O andar térreo e o primeiro andar seriam de posse do aeroclube para ali instalar uma sede social no centro da cidade. Após a entrega do imóvel, o ARGS não o ocupou de imediato, preferindo alugar os conjuntos. O inquilino foi a DG Filmes. A empresa faliu e seus débitos para com o ARGS nunca foram saldados. A sede ficou abandonada por muitos anos. Busquei na Auxiliadora Predial, que era a administradora, a chave do imóvel. O que vi foi um lamentável abandono com milhares de películas de filmes e moradia de ratos. Foram necessários dois caminhões para a remoção dos entulhos deixados.

Após três meses de reparos internos, pinturas, consertos hidráulicos e elétricos, e instalação de novas divisórias, reinauguramos a sede central com um concorrido coquetel, em 26 de agosto de 1976. Sem uma previsão financeira para cobrir as despesas que essa reforma gerou, dividimos meio a meio, a tesoureira Dona Raulina e eu, os gastos havidos, usando nossos recursos pessoais. O posterior reembolso previsto acabou não ocorrendo e dele nos esquecemos. Colocamos nessa nova sede central o novíssimo simulador de voo Frasca 101 G, oferecido pelo DAC e ali instalado pelo próprio Sr. Rudy Frasca, proprietário da fábrica, sediada em Illinois.

Com Rudy fiz uma boa amizade. Muitos anos após, visitei-o na sua casa em Urbana, nos Estados Unidos. Jantamos e no dia seguinte voei com ele no Beaver, um possante avião de asa alta dotado de motor radial. Conheci os 26 aviões restaurados da Segunda Guerra Mundial, expostos em seu museu particular. Na visita, perguntei-lhe a razão de uma cruz próxima à cabeceira de uma das pistas. Relatou-me então o trágico evento que tirou a vida de um dos seus cinco filhos, um excelente piloto de demonstrações acrobáticas. Após um *show*, retornava para casa e ocorreu um sério problema estrutural em seu avião, a ponto de decidir saltar. Seu paraquedas não estava adequadamente ajustado entre suas pernas e, no impacto da abertura, literalmente soltou-se dele. Guardo do Rudy uma bela foto autografada de seu Spitfire. Em 2019 ele também nos deixou e dele restou a lembrança de uma amizade e de alguns voos que fizemos no seu Beaver. Nosso primeiro instrutor no simulador Frasca foi Antônio Schwenk.

Em nossa sala de recepção no andar térreo, o secretário Vanille de Camilles dava expediente acolhendo sócios e alunos. No andar superior foi possível montar três salas de aula, sala de professores e até um pequeno bar. Foram momentos de grande movimentação naquela sede, com novos alunos chegando e um funcionamento que passou a ser contínuo em dois períodos diários, pela tarde e noite. Eram notáveis atividades bem representativas dos grandes momentos vividos pelo ARGS entre os anos 1980 e 1990. Foi uma época de intensa produtividade, na qual voávamos acima de 800 horas por mês.

21

UM T-6 POUSA EM CANOAS

Quando atuando como instrutor na EVAER, fui solado pelo Comandante Domingos Martins no Vultee BT-15, bem maior que os T-19 da mesma escola. Possuía um motor PW de 450 HP, mais potente que os 175 HP dos Fairchild. Havia dois deles na EVAER, o PP-GRI e o PP-GRK. O Vultee nas forças aéreas preparava os pilotos para os aviões subsequentes, como o T-6. Havia vários T-6 na Base Aérea de Canoas e muito os admirava quando passavam por sobre o aeroclube para o pouso na pista 12 daquela base.

Em 1976, a Força Aérea Brasileira divulgou que esses aviões North American T-6 seriam desativados e iriam a leilão. A abertura das propostas ocorreria em 25 de outubro de 1976 no Campo dos Afonsos, no Rio de Janeiro, ficando as aeronaves para apreciação dos interessados a partir de primeiro de outubro de 1976. Imediatamente coloquei-me a pensar que seria uma chance única de possuir uma daquelas máquinas maravilhosas que sempre me causaram forte impressão.

Decidi participar daquele leilão. Tive o grande apoio do meu cunhado, Comandante Igor Senez, da Transbrasil, ao ajudar-me no deslocamento e a incentivar-me com aquela ideia. Após a visita ao Campo dos Afonsos e verificar os aviões expostos, resolvi fazer uma oferta pelo FAB1639, o qual tinha pintado na fuselagem, junto à cabine, o nome Coronel Braga. Havia vários pretendentes presentes, como o Comandante Fauzi, o Coronel Portugal Motta, o Suboficial Batista e outros. Para minha surpresa, fui o único a fazer oferta para aquele avião e, por consequência, após o julgamento das propostas, eu passei a ser proprietário de um T-6. Minha oferta foi de 46.000,00 cruzeiros. Estava muito satisfeito por adquirir o 1639, pois este tinha importância adicional, já que havia sido o avião do famoso Braga, líder da Esquadrilha da Fumaça. Para os trâmites e contatos iniciais, muito me ajudou o Tenente Carlos Ari Germano da Silva, colega desde os tempos do ginásio, em Porto Alegre. Ele prontificou-se a acompanhar os serviços de preparo do avião ao voo e providenciou a seguir seu translado até Jacarepaguá. Nesse local fizemos alguns pousos e fui solado no avião também por ele.

Do Tenente Germano guardo boas recordações e reconhecimento pelo apoio que me deu, pela instrução recebida e pela amizade sedimentada desde os bancos do Colégio Anchieta.

Semanas depois decolei de lá planejando fazer meu primeiro pouso em Itanhaém, São Paulo. Não tive dificuldades em solar o T-6, visto ser parecido com os Vultee, que já conhecia e nele dava instrução quando na EVAER. Levei comigo o Piloto Amaral, aspirante a instrutor no ARGS. Confesso que estava um pouco preocupado, pois conhecia apenas superficialmente aquele avião. Inicialmente saí com visual por sobre a Restinga da Marambaia, mas, não muito adiante, tive de voar acima da camada de nuvens, para evitar o voo por instrumentos. À frente, o tempo no litoral começou a fechar. Sem qualquer equipamento de navegação, esperava que o tempo abrisse perto de Santos, o que não estava acontecendo. A preocupação aumentava. Estava num avião que pouco conhecia e ainda por cima numa condição meteorológica adversa. Comecei a pensar que meu primeiro voo no T-6 poderia acabar mal.

Imerso em pensamentos bem preocupantes, vi um Electra da Ponte Aérea bem acima de mim, visivelmente mudar sua proa para a direita uns 50 graus. Eu já havia voado de Avro por ali vindo do Rio e sabia que aquela curva do Electra era feita sempre sobre a então posição CID, o que denunciava estarmos sobre Santos. Foi minha salvação, pois tinha agora certeza de onde estava. Bastava curvar uns 90 graus à esquerda e descer dentro da camada, seguro que o faria sobre o mar. Confiando no velho horizonte do T-6 comecei a descida esperando obter condição visual nas imediações de Santos. Foi uma descida um pouco angustiante, esperando ter sobre as águas pelo menos uns 500 pés de teto. Como sempre, nesses casos o tempo não avança. Os ponteiros do altímetro giram lentamente, enquanto o do *climb* fica parado nos 500 pés de razão de descida. Subitamente, a cerca de 1.000 pés sobre a água, divisei as ondas no mar e curvei 180 graus, para um reconfortante voo rasante em condições agora visuais, não obstante a chuva miúda e o teto baixo. Minutos passaram e consegui divisar, bem longe, alguns dos edifícios de Santos. Levemente à esquerda fica Itanhaém e para lá mudei minha proa. Teria ainda de enfrentar o primeiro pouso numa pista de grama. Havia chovido muito na região e, além de a pista ser curta, estava alagada. O pouso foi bom, apesar de levantar grande quantidade de água ao tocar o solo.

Cortando o motor frente ao hangar do aeroclube, sou cumprimentado pelo amigo Pietro Loporchio, residente na cidade e um grande apreciador dos T-6. Descarreguei a tensão e cheio de coragem por suplantar aqueles maus momentos, após abastecer, decolei novamente. O destino seria Joinville, em Santa Catarina. Alinhei o T-6 com certa dificuldade na pista ainda bem encharcada. Acelerei todo o motor na cabeceira e, freado, chequei a rotação. Verifiquei estar atingindo o necessário e soltei os freios de uma vez.

Na saltitante corrida que se seguiu, já passando mais da metade da pista, o motor do T-6 subitamente perdeu cerca de 200 rotações. O coração, também subitamente, disparou em uns 50 batimentos por minuto... Assustado, pensei cortar o motor, mas vi no fim da pista um desencorajador muro de tijolos. Pelo canto do olho foi possível ver a manete do passo da hélice ter recuado sozinha com os solavancos. Joguei-a à frente num só golpe. O motor reagiu na hora e respondeu bem. Tirei do chão o 1639 ainda com pouca vontade de voar, livrei o muro, que era branco, lembro bem, passando sobre ele a poucos metros. "Que diabos colocarem um muro bem na reta de decolagem", fiquei pensando, enquanto pressionava a *push valve* e recolhia o trem de pouso. Curvei à direita e face a este outro episódio passei a ter um maior respeito pelo T-6. Naquele voo já estava surgindo uma saudá-

O North American T-6 PT-KUX pousado em Canoas, pista do Aeroclube do RS e do QG do 5.º Comando Aéreo Regional. Nov. 1982.

vel amizade recíproca entre nós, piloto e avião. Abasteci em Joinville e de lá segui até Osório.

No mesmo dia, no fim da tarde, finalmente pousei em Canoas. A pista estava interditada face às restrições impostas pelo Comando da Base Aérea. Seria quase impossível não ter chamado a atenção de alguém do QG com aquele ronco do Pratt & Whitney e seus 600 HP. Achei que teriam visto ou ouvido minha chegada. Aguardei por algum tempo ser interpelado, mas ninguém veio. Quem sabe acreditaram que o T-6 era da FAB, pois estava ainda nas cores da Fumaça.

Nos meses seguintes, realizei maravilhosos voos naquele avião, somando cerca de 120 horas de muitas e deliciosas manobras acrobáticas. Com ele compareci em algumas festas aviatórias pelo Estado. O T-6, apesar de ser um treinador pesado, era um avião dócil e sua pilotagem um verdadeiro deleite. Conseguira matar aquele desejo acalentado por muitos anos ao longo das horas em que esteve comigo.

Após o fechamento definitivo do aeródromo de Canoas, onde mantinha meu T-6, somado ao meu afastamento temporário para morar em Belo Horizonte, ante o chamado da Mendes Junior para quem voava, senti não poder sustentar a situação de ver meu avião na intempérie, fora do hangar e sem poder voá-lo. Além desse fato, me foi exigido pelo DAC que, para continuar voando o agora PT-KUX, deveria submetê-lo a uma recente norma de um processo de civilização chamado IRAN, que demandava uma pesada despesa extra. Por isso dois anos depois, cedi às propostas de compra feitas pelo Sr. Luiz Vieira Souto, ex-tenente da FAB e dono do Restaurante Le Relay, no Leblon. De certa forma fiquei feliz, pois quem estava encarregado desse voo de regresso ao Rio foi o próprio Coronel Braga. Além do mais, no processo de venda ficou acertado que eu poderia voar pelo menos uma hora por mês em Jacarepaguá, onde o avião ficaria baseado. A nota triste ocorreu em 1984, quando o 1639, matrícula civil PT-KUX, deixou de existir. Em maio daquele ano ocorreu um acidente em Turmalina, próximo a Belo Horizonte. Pilotado pelo Engenheiro Marcelo Redig, que o havia comprado, o 1639 não mais voaria.

Deixou uma bela lembrança a compor uma das minhas gratas experiências na aviação: ter voado e feito minhas acrobacias naquele carismático e delicioso avião. Realmente, o T-6 a gente nunca esquece.

22

OS ÚLTIMOS DIAS EM CANOAS

A pista e as instalações do aeroclube junto ao 5.º COMAR ficavam exatamente na reta de pouso e decolagem das pistas 12 e 30 da Base Aérea de Canoas, distante cerca de cinco quilômetros. Face à essa proximidade, o tráfego era feito a somente 500 pés de altura. Ali voavam os DC-3 do 5.º ETA, os T-6 e os Gloster Meteor do Esquadrão de Caça.

Com a aposentadoria deles, substituídos pelos Lockheed T-33, e a previsão da subsequente operação com os Northrop F-5, a pista da base aérea foi ampliada em direção à BR 116. Esse fato aproximou ainda mais a pista do ARGS. Inevitáveis incidentes passaram a ocorrer, tendo alguns jatos reportado quase colisões com aviões do aeroclube.

Algo que já era esperado veio a acontecer em 30 de outubro de 1973, ao recebermos ofício do Brigadeiro Leonardo Teixeira Collares, determinando a interdição do aeródromo de Canoas a partir de 31 de dezembro de 1973. Estávamos em emergência total, cientes de que teríamos grandes tarefas pela frente para solucionar aquela situação. Muito importante ressaltar ter sido nesse momento decisiva a forma e os excelentes contatos que o aeroclube e o Presidente Maciel tinham com as autoridades aeronáuticas. Talvez sua condição de ex-militar, sua afável personalidade e o grupo de amigos que sempre reunia à sua volta constituíram-se numa força apreciável. Não sem razões, sempre trabalhamos em conjunto, em estreita confiança recíproca. Nenhuma das minhas sugestões e propostas relacionadas à entidade e seu futuro foram contestadas, e, ao contrário, dele sempre tiveram irrestrito apoio. Assim ficava eu cada vez mais estimulado ao incessante trabalho que teria pela frente.

Após muitas reuniões, idas e vindas, audiências e tratativas com aquele Comando, conseguimos autorização para, pelo menos, em horários específicos, decolar e levar os aviões para voar nos aeródromos próximos de Montenegro e São Leopoldo. Eram óbvios os prejuízos decorrentes desses deslocamentos. O trabalho era exaustivo e muito sacrificante aos alunos, instrutores e mecânicos. Levávamos combustível em tonéis na caminhonete Rural Willys que possuíamos e os aviões ficavam ao ar livre naqueles aeródromos. Algumas vezes tínhamos de pernoitar em barracas armadas próximo aos aviões. Essas dificuldades fizeram com que muitos alunos buscassem transferência para outros aeroclubes. Intensificando as tratativas, propusemos uma solução que foi aceita pelo então Comandante da Base Aérea, Coronel Nelson Fischer. Poderíamos operar nos fins de semana desde que o oficial de ligação designado, Tenente Hélio Webber, promovesse a coordenação conosco. As autorizações, mesmo nos fins de semana, poderiam ocorrer desde que não houvesse previsão de nenhum voo de aeronave militar. Ante a dramática situação que não poderia perdurar muito tempo, fomos obrigados a intensificar, em caráter de urgência, a busca de um novo local para situar a sede e o aeródromo.

Como a instituição continuava demonstrando, com sua excelente performance em seu ensino, assim como tendo consolidado um bom conceito perante as autoridades, a solução para encontrar um novo local para o aeroclube mereceu um grande apoio de todos, tanto no âmbito civil como no militar.

O volume de ações estava a exigir intensa dedicação para as tarefas previstas. Os trabalhos requeridos consistiam, em primeiro lugar, em encontrar um novo local para sediar o aeroclube e logo a seguir construir uma pista e ainda montar toda a estrutura para abrigar a instituição. Seriam múltiplas e difíceis as tarefas e ações para a operação de transferência. Aceitei a incumbência proposta pelo presidente, mesmo antevendo que com a decisão de deixar minha atividade profissional, sofreria uma brusca redução dos meus vencimentos anteriores, como piloto profissional, pois deles teria de abrir mão. Ao decidir por tal desafio, só me restava arregaçar as mangas e partir para a ação, confiando que adiante e, à mercê de meu trabalho, pudesse a entidade absorver-me com remuneração minimamente próxima a de que então dispunha. Confiava firmemente que a transformação de sair de uma condição modesta para uma grande entidade de formação de pilotos poderia, mais adiante, absorver-me como profissional de forma compatível. Queria muito criar aqui uma escola semelhante às famosas instituições de ensino aeronáutico dos Estados Unidos, como a Embry Riddle ou a Flight Safety, que visitara naquele país e muito me deixaram impressionado.

Lembro então de sair a uma procura intensa em regiões como Berto Sírio, Guaíba e na zona sul de Porto Alegre, próximo a Belém Novo, que ainda era pouco povoada. Não estava sozinho nessa busca. Alguns sócios e alunos, liderados pelo nosso ex-Presidente Coelho, também andaram procurando e medindo terrenos pelas imediações, antevendo possíveis locais para a pista. Voei algumas horas sobrevoando essas mesmas áreas. Os locais que me pareciam possíveis, marcava no mapa e ali simulava aproximações no rumo em que poderia ser construída uma pista.

Certa vez, sobrevoando o sul da cidade, próximo à localidade de Belém Novo, identifiquei uma área com uma plantação de arroz desativada e com muitas taipas. Havia a Estrada Juca Batista próximo e estava desabitada em seu entorno. Consultei meu pai, Mario Machado, que residia naquela região há muitos anos, ajudando-me a identificar o proprietário da área pretendida. Acompanhado dele, fui ter à presença do proprietário, Sr. Julio Brunelli. Exposta nossa intenção, entretanto, não foi fácil convencê-lo a ceder parte de sua área para nós. Um dos argumentos por nós apresentados, era que as terras adjacentes, que também lhe pertenciam, teriam boa valorização com a instalação ali de um aeródromo. O Sr. Brunelli acabou concordando, não apenas face a esse argumento, mas também porque seria politicamente interessante cooperar com o pedido provindo das autoridades as quais, de certa forma, representávamos. Em 22 de julho de 1974, tínhamos em mãos a carta de intenção de venda dirigida ao Diretor-Geral do DAC. Prontamente levamos o documento ao Comandante do 5.º COMAR, que de imediato o encaminhou ao Brigadeiro Deoclesio Siqueira. Este, com os dados da área em questão em mãos, intercedeu junto ao Ministro da Aeronáutica, e este, já com a proposição consolidada, obteve a assinatura do então Presidente da República, General Ernesto Geisel.

Finalmente, na data de 16 de agosto de 1974 foi feita a desapropriação do terreno que havíamos escolhido. O valor pago foi de 840.000,00 cruzeiros pela área, a qual passou assim a ser propriedade da União Federal, destinada a abrigar o ARGS.

A seguir, relato curiosos eventos, que, por serem parte da história vivida, ainda quando na primeira sede em Canoas e em suas instalações, merecem ser conhecidos.

Última foto do hangar do aeroclube quando em sua sede no aeródromo de Canoas.

Aviões Neiva-56 prontos para o voo de despedida em direção ao novo aeródromo. Observe que cada avião possuía uma pintura diferente.

23

A CONSTRUÇÃO DA PISTA NO BAIRRO BELÉM NOVO

Superada a fase da busca de um novo local para sediar o aeroclube, restavam agora as demais tarefas, representadas pela construção da pista e dos hangares. As gestões para a obra da pista passaram a ser feitas com o Governador Sinval Guazzeli, seus secretários Firmino Girardello e Jorge Englert. Em 29 de abril de 1976, o Departamento Aeroviário do Estado divulgou a licitação pública para a construção de uma pista em Belém Novo. Para esta, participaram três empresas. A Construtora Ruas Amantino venceu a concorrência. As primeiras máquinas da empresa entraram no terreno e assim foram iniciadas as obras. Com a Prefeitura de Porto Alegre fizemos gestões para construir o acesso pela Avenida Juca Batista e providenciar a derrubada de 140 eucaliptos de uma área vizinha. Foram feitos desvios da rede elétrica, a cargo da CEEE. É possível imaginar o enorme trabalho que se desenvolvia, mas também a grande empolgação de estar presente junto às obras, que gradualmente tornavam realidade o nosso propósito.

Com base nas ideias que afloravam, embaladas pela realidade do que já se tornava palpável, reuni-me muitas vezes com meu cunhado Arquiteto Ruben Kleebank, para elaborar um plano diretor dentro dos 42 hectares que sintetizassem as ideias que eu acalentava. Construímos uma maquete para melhor visualizar as obras que tinha em mente e que se assemelhavam ao que eu vira nas escolas americanas anteriormente visitadas. Todo o trabalho de elaboração do projeto

O Sr. Mario Machado, meu pai, assistindo junto a mim o primeiro trabalho da abertura da pista em Belém Novo. Foi pessoa importante ao gestionar com o proprietário da área, Julio Brunelli, facilitando a implantação no local da nossa pista em 1985.

urbanístico ARGS e ainda a maquete, logo construída, teve a colaboração, sem qualquer custo, do arquiteto citado. Ele contemplava a pista, o *taxiway*, dois grandes hangares para a escola, hangares individuais para os aviões de sócios, sede social com piscina e canchas esportivas, um restaurante e um estacionamento de carros. Muitos desdenhavam se tudo aquilo representado na maquete poderia um dia ser construído. Entretanto, passados pouco mais de 15 anos, é possível constatar que o ambicioso projeto daquela forma visualizado acabara tornando-se realidade. Foi a prova de que quando se persegue uma ideia de forma metódica, tenaz e séria, é possível concretizá-la. As muitas e muitas horas, dias e noites despendidos naquele período foram recompensadas.

Eu fazia visitas diárias, acompanhando os trabalhos da empresa responsável pela execução da pista. Em 5 de março de 1977, nos 200 metros já terraplanados, fiz o primeiro pouso não oficial na pista em Belém Novo. Estava pilotando o Neiva P-56 PP-HOV. Após decolar, decidi sobrevoar a região mais ao sul do futuro aeródromo. Voei por quase uma hora e foi possível observar, a 3.000 pés de altura, aquela bela região, antevendo que seria a futura área de instrução. O panorama descortinado permitia apreciar uma área realmente muito bonita. Composta parte pelo extenso Lago Guaíba, que desemboca na Lagoa dos Patos ao sul e a leste com a Lagoa do Casamento, contrastando com planícies muito verdes. Toda aquela região, além do seu belo cenário, tinha sítios adequados para eventuais e seguros pousos de emergência. Compunham ainda tamanha beleza as elevações junto ao Farol de Itapuã, delimitador da entrada da Lagoa dos Patos. Sem dúvida seria nossa sugestão para o que depois viria a ser a área de instrução Patos R-522. Uma região inédita, sem dúvida a mais bonita área de instrução de qualquer aeroclube, um importante predicado que valorizaria mais ainda o local escolhido. Em 29 de novembro de 1979 foi inaugurado o aeródromo pelo Brigadeiro Rodopiano de Azevedo Barbalho, pelas autoridades do Governo do Estado, representado por Jorge Englert, na presença do Dr. Breno Caldas, da Di-

Uma maquete foi construída para nortear nossas intenções na nova sede em Belém Novo. O CTE. Machado exemplifica as intenções e pleiteia o apoio do DAC, representado na foto pelo Brigadeiro Antony.

Foto: Leonardo Andrade

Breno Caldas, Elon Forell, o Presidente do ARGS, CMTE. Helio Maciel, e eu, registrando todos os eventos com a filmadora Canon 1014. Sobre a pedra, a placa de inauguração.

reção do ARGS e do diretor da empresa construtora, Sr. Soter Kurtz Amantino. A placa de inauguração não menciona os nomes dos que foram diretamente responsáveis pelo imenso trabalho da transferência para Belém Novo, bem como das autoridades que contribuíram. Diz apenas: "Neste 2/12/78 pousamos aqui pela primeira vez. Somos gratos aos que tornaram realidade um sonho há muito almejado, concretizando assim nossa grande aspiração". Por uma questão histórica, talvez nossos sucessores venham a fazê-lo e seja uma forma de agradecer a quem muito se dedicou para que esta grande obra se tornasse realidade.

24

A OBRA DO HANGAR E AÇÕES PARALELAS

Após a inauguração da pista em 2 de dezembro de 1978, não havia em Belém Novo alguma facilidade, exceto minha barraca modelo Alba, onde às vezes pernoitávamos. Dois tonéis garantiam a parte do abastecimento dos aviões que para lá deslocávamos, a fim de acrescer horas de voo às poucas que nos permitiam voar na pista em Canoas. Em novembro de 1978 havíamos obtido a licença ambiental para a derrubada dos eucaliptos que bloqueavam a cabeceira 08. Uma série de urgentes trabalhos foram executados para permitir a transferência plena do ARGS.

As tratativas para obter um hangar começaram a ser feitas através dos importantes contatos do Presidente Maciel. Estabelecemos uma laboriosa costura buscando a participação das autoridades do Governo do Estado, da Prefeitura, do DNER e com as diligências do Ministério da Aeronáutica, através do DAC. Ao se acirrarem as interdições em Canoas, o Brigadeiro Rodopiano de Azevedo Barbalho, Diretor-Geral do DAC, ligou em 22 de dezembro de 1978, com a boa nova de que o Ministro da Aeronáutica autorizara a licitação de um hangar. O Diretor-Geral, imbuído de atender nossos pedidos, confirmou essa postura visitando, em 23 de julho de 1979, a pista de saibro que já estava pronta. Convocou o Secretário de Transportes do Estado, Dr. Carus, e o Prefeito de Canoas, Major Geraldo Ludwig, para estarem presentes nessa vistoria. Enquanto isso, gestões eram feitas junto ao DNER, buscando uma indenização, visto que nosso hangar em Canoas deveria ser desmanchado para permitir a conclusão da obra do viaduto sobre a BR 116, que ligará, sobre a ferrovia e a rodovia, a Avenida Guilherme Schell ao setor leste da cidade.

O Diretor Regional, Sr. Hernani Botti, alocou para tanto o valor de um milhão e seiscentos mil cruzeiros e o disponibilizou ao 5.º COMAR.

Paralelamente, o Brigadeiro Araripe de Macedo autorizou o valor suplementar de nove milhões e oitocentos mil cruzeiros para iniciar as obras do hangar.

Esse providencial apoio foi encaminhado à engenharia do COMAR, o SERENG 5, chefiado pelo Capitão Engenheiro Guilherme Pezzi. O Comandante do COMAR determinou ao SERENG usar as plantas do hangar da Base Aérea de Santa Maria, replicando um hangar semelhante em Belém Novo, acelerando dessa forma a saída do ARGS daquela incômoda posição, uma preocupação constante do Comando Aéreo.

25

O PRIMEIRO HANGAR

Em apenas 6 meses, a empresa Esbel venceu a licitação e iniciou a obra junto à pista já pronta. O hangar possuía 2.700 m² e seu valor, além do aportado pelo DNER, atingiu Cr$ 9.800.000,00 cruzeiros. A indenização nos trouxe mais Cr$ 352.000,00 cruzeiros. Tamanha coordenação e agilidade bem demonstram o conceito que usufruíamos junto ao Ministério da Aeronáutica, cujo fundamental apoio prosseguiu por vários anos.

Foto: Leonardo Andrade

Após a construção do Hangar I e da pista, ainda de saibro, tínhamos esta bonita visão. Notem a inexistência de construções nas adjacências.

Vencida a licitação, a empresa ESBEL deu início aos trabalhos, cujas plantas foram cedidas pela Base Aérea de Santa Maria. Lembro de ter auxiliado continuamente o serviço de engenharia do SERENG 5, desenhando as configurações internas desse hangar. As salas e as demais dependências foram aprovadas pelos engenheiros, chefiados pelo Major Pezzi, assessorado pelo Suboficial Daniel Fonseca. A partir das primeiras fundações, gravei cada passo com o equipamento de filmagem em Super 8. O primeiro hangar ficou pronto e foi inaugurado em 24 de novembro de 1979 pelo Brigadeiro Silvio Gomes Pires, Diretor-Geral do DAC.

26

UM ULTRALEVE E UM BOEING

Um dos primeiros eventos interessantes, entre tantos outros que ocorreram em Belém Novo, decorreu face à simultânea edificação da residência de um importante vizinho. A construção da pista inclusive sofreu alguns percalços devido a isso. O presidente da maior rede de comunicações do estado comprou terras junto à cabeceira da pista 26, separada apenas pela Estrada Juca Batista. Esse vizinho não gostou nada de saber que aviões sobrevoariam sua mansão, tão logo o aeroclube se mudasse. Anteviu, obviamente, que não apenas sua tranquilidade seria afetada pelo ruído dos aviões, como a sua privacidade estaria comprometida.

Dada sua importante posição e grande influência, tentou que mudássemos de local, e buscou usar seu prestígio.

Repórteres publicaram matérias que apontavam para os danos que aviões causariam se um aeroporto fosse ali instalado. Várias edições dos jornais, incluindo matérias de capa, abordavam os malefícios que o ruído dos aviões causariam aos cavalos criados nos haras próximos e na produção de ovos das dezenas de aviários existentes na região. Enfim, segundo essas matérias jornalísticas, todo o meio ambiente estaria comprometido por nossa presença.

Foi necessária a intervenção do Comando da Aeronáutica explicando que aquelas instalações eram oficiais, de interesse federal e tinham cunho de utilidade pública, ligadas à estratégia de segurança aérea da capital.

Não conseguiu assim reverter a situação. Mesmo aceitando o irreversível fato, não eliminou um tenso relacionamento e não evitou que

Um aeroporto ameaça acabar com a paz da Zona Sul

Projetada instalação do Aeroclube do Rio Grande do Sul na Zona Sul da Cidade é ameaça que começa a ser analisada hoje. PÁGINAS 2/3.

ZERO HORA — Segunda-feira, 22.11.76 — PÁGINA 2

AMEAÇADA A PAZ DA ZONA SUL

Zona Sul da cidade, o último refúgio, onde a vida em contato com a natureza ainda é possível, corre o risco de desaparecer. Os elementos desagregados típicos do desenvolvimento urbano desordenado poderão chegar, com a implantação do Aeroporto do Aeroclube do Rio Grande do Sul. Isso acontece justamente no momento em que as autoridades consideram a Zona Sul como a derradeira oportunidade de descanso e lazer de Porto Alegre. O aeroporto pode representar um grave equívoco. Um erro que pode ser evitado, pois as consequências poderão marcar para sempre o desaparecimento do último patrimônio natural da cidade.

1

POLUIÇÃO SONORA RONDA A ZONA SUL

Os moradores começaram a sentir o drama da relocalização do Aeroclube quando as primeiras máquinas começaram a trabalhar no local e os aviões passaram a sobrevoar rasante a futura pista. Os poucos que acreditavam que o novo aeroporto poderia trazer discutíveis benefícios, demonstram seu temor quanto a poluição e segurança. Admitem mesmo que o aeroclube poderá ser uma nova Borregaard, cujos erros de localização e seus prejuízos só foram conhecidos depois de sua entrada em operação. A Escola de Equitação Quero-Quero já se mudou e a principal atividade econômica da região será prejudicada. Os diversos aviários e haras serão atingidos pela poluição sonora. Só entre Lami e Belém Novo existem mais de 19 haras, uma das maiores concentrações de criação de puro sangue no Brasil.

2

Matérias jornalísticas fortemente contrárias a que o Aeroclube de RS viesse a instalar-se na Zona Sul da cidade.

tivéssemos algumas rusgas em nosso convívio. Relato um fato surgido, o qual certamente aumentou o desconforto recíproco.

Cheguei domingo cedo ao aeroclube quando alguns instrutores e alunos estavam no preparo para mais um dia de voos. Eis que surgiu um avião ultraleve MXL II de um sócio que passou a treinar pousos e decolagens. O motor Rotax que equipava esse pequeno avião, de apenas dois lugares, tinha como característica um ruído muito estridente. Minutos após, recebi um telefonema. A secretária me passou a ligação, e na linha estava nosso importante vizinho... Este, com indisfarçável mau humor, reclamou, em tom incisivo: "Comandante, hoje tirei o domingo para descansar aqui no meu sítio, mas com este aviãozinho fazendo tamanho barulho aqui por cima não consigo descansar! Por favor, dá um jeito nisso!", bradou incisivamente. Pedi desculpas, fui correndo até a pista e acenei ao piloto, que logo pousou, solicitando que fosse treinar em outro local, no que fui atendido.

Uma hora se passou e sou chamado na fonia, através do VHF, por Geraldo Souza Pinto, Comandante de Boeing 727 da VARIG. O jato tinha saído das oficinas da empresa, onde fora instalado um GPWS, aparelho que alerta os pilotos sobre a proximidade com o terreno abaixo da aeronave. Para um voo de experiência do novo equipamento, o Comandante Geraldo decolou do Salgado Filho para a zona sul da cidade e solicitou proceder ao teste daquele instrumento. Faria uma aproximação em voo muito baixo para a nossa pista 26. O comandante não demorou, e logo surgiu aquele enorme e belo 727 descendo na reta final, todo preparado, exatamente como se fosse pousar. Veio com os trens abaixados, *flaps* estendidos e faróis ligados. Fui para a pista junto com vários pilotos e alunos para ver o espetáculo daquela inusitada presença. Esqueci completamente o irritado pedido daquele senhor, e absortos apreciávamos o jato já numa final curta. Exatamente sobre a cabeceira, a uns 200 pés de altura, o Boeing arremeteu, aplicando a potência plena de suas turbinas, num ruído ensurdecedor. Após o generalizado frenesi e os vibrantes comentários que se seguiram pela passagem baixa do avião, caí em mim ao lembrar o que havia prometido ao nosso vizinho. Corri para o lado do telefone a fim de aguardar todos os xingamentos possíveis e imagináveis que certamente receberia, pois o episódio pareceria ser um evidente revide por ter recebido a reclamação anterior. O telefonema não veio. Não consigo até hoje imaginar o que passou em sua cabeça. Com certeza teria um conceito seguramente ainda menos elogiável a meu respeito...

Após esse incidente, algum tempo depois, nosso decepcionado vizinho abandonou sua pretensão e desistiu de sua residência. O local foi transformado em uma clínica pela própria família, recebendo o nome de SPA Dr. Minuzzi, um famoso nutricionista na época. Em atenção ao pedido da diretora que assumiu o novo empreendimento, prometi ser possível amenizar boa parte do ruído dos aviões. Criei uma trajetória desviando alguns graus no eixo de decolagem e de aproximação e informei-lhe através de um desenho. Particularmente sabia que pouco adiantaria, mas teve bom efeito na política da boa vizinhança. A senhora, em reconhecimento à cooperação, presenteou-me com uma semana gratuita no famoso spa. Realmente perdi alguns quilos, além de conhecer vários figurões do mundo político, inclusive dois filhos do Sr. Roberto Marinho, da famosa Rede Globo.

Durante minha estada naquela clínica um fato curioso ocorreu, certamente por efeito psicológico da minha parte. O grande *living* possuía uma lareira e era decorado com várias obras de arte. Havia no centro um grande quadro, uma pintura a óleo, retratando a figura do nosso importante *amigo* que havia falecido por problemas de saúde. Não havia local naquele ambiente em que eu não me sentisse sendo observado por ele. Jurava que seus olhos mexiam e me observavam com perceptível mau humor. Deixei de frequentar o grande *living* para evitar um certo sentimento de culpa pela afronta que fizera, embora não proposital, do episódio quando eu substituí o minúsculo ultraleve MXL II por nada mais nada menos do que um imenso Boeing 727...

27

O SEGUNDO HANGAR E O ASFALTAMENTO DA PISTA

Os grandes trabalhos realizados a seguir foram a construção do segundo hangar, o asfaltamento da pista e o estacionamento das aeronaves.

Nesse momento foi mais uma vez importante a participação do Estado do Rio Grande do Sul, através do seu Departamento Aeroviário (DAE). O Governador Antônio Britto autorizou o projeto e parte dos recursos. A engenharia do COMAR colaborou com a fiscalização e a sinalização horizontal. Acompanhei entusiasmado mais essa importantíssima adição. O projeto era tão somente asfaltar a pista e um pátio de estacionamento. Entretanto, nas várias idas ao SERENG 5, o Cte. Maciel e eu argumentamos em aproveitar a grande movimentação de materiais e máquinas para estender o asfalto também ao *taxiway*. Outras articulações ocupavam nossas semanas na busca desses incrementos. A obra foi completada com uma belíssima pista de rolamento ligando as duas cabeceiras.

Toda a estrutura física, pista, hangar e asfaltamento iniciadas nos anos 1970 foi de grande importância para o contínuo crescimento do ARGS. Face à qualidade obtida nos cursos ministrados e na notável melhoria das estruturas físicas, bem como dos equipamentos de voo, passamos a ser ainda mais citados pelas autoridades, principalmente pelo Departamento de Aviação Civil, como exemplo às demais entidades congêneres.

O segundo hangar foi construído poucos anos depois por iniciativa do DAC, tendo em vista incrementar a formação de pilotos e de pessoal de suporte à aviação civil. Havia uma grande demanda destes prevista pelas empresas aéreas, que naquele momento experimentavam enorme expansão. O DAC dispunha de verba recolhida por um programa específico que destinava um percentual das passagens aéreas vendidas. Destinou recursos para construir instalações físicas em alguns aeroclubes, entre os quais o ARGS. Na verdade, fomos os primeiros selecionados. Seriam gerenciados diretamente pelos SERAC, Serviços Regionais de Aviação Civil. O Coronel Cavalcante foi designado para a supervisão e com ele convivemos cerca de 18 meses, até ser a ideia suspensa pelo próprio DAC.

O hangar três, posteriormente, foi construído para abrigar o Departamento de Iniciação Aeronáutica e o Departamento de Construção Amadora. Tinha como objetivo o desenvolvimento dessas duas modalidades, tidas como importantes para solidificar o amplo programa surgido da excepcional visão do Brigadeiro Deoclesio de Lima Siqueira. As dez casas situadas à direita do acesso principal foram construídas pelo serviço de engenharia do 5.º COMAR, depois de longas tratativas, das quais participei intensamente. Visavam a propiciar conforto e segurança aos nossos alunos. O argumento que mais utilizei girava em torno da segurança, visto que os alojamentos no Hangar I não tinham saídas externas, além de não serem suficientes para a quantidade de alunos que viriam a residir no ARGS.

28

O "PADRÃO ARGS" NA FORMAÇÃO DE PILOTOS

Com a determinação e a criatividade com que dirigíamos a formação de nossos alunos, somados à disposição e energia deles na busca dos seus objetivos, mantinha-se sempre ativa a permanente motivação que a todos contagiava. O resultado dessa orientação, sempre apoiada pela presidência e pelos seus pares, acabou sendo a nossa *marca registrada* denominada *Padrão ARGS* na formação de pilotos. Esse conceito foi muito difundido no meio aeronáutico à medida que os pilotos aqui formados tomavam assento nas cabines dos aviões das empresas aéreas.

Esse prestígio trouxe o Presidente do ICAO, Sr. Michel Shallon, a conhecer o ARGS por sugestão do próprio DAC. Demonstramos a ele e à sua comitiva uma apresentação do sistema formador de pilotos que adotávamos, no que fomos muito cumprimentados. Outra característica que nos marcava era a impressionante variedade de cursos disponíveis e ativos: iniciação aeronáutica, piloto de planador, privado, helicóptero, comercial, instrutor, rebocador de planadores, agrícola, multimotor, voo por instrumentos, de acrobacia aérea e de demonstração acrobática.

Com a acrobacia em formatura, atingimos o ápice da formação técnica dos nossos pilotos. Até os dias de hoje, nenhum aeroclube em nosso país foi autorizado a efetuar voos de demonstração acrobática em dupla, como os que praticávamos nos aviões CAP-10 sob o nome de Tchê Connection. Mais de cem apresentações foram voadas com pleno sucesso, causando grande repercussão e reflexos muito positivos na imagem do ARGS.

O curso digno de nota foi o da formação de pilotos de helicóptero. Criamos também nesse curso um diferenciado sistema formador que atraiu muitos alunos. Foi iniciado com a chegada dos helicópteros Bell 47, desativados da Base Aérea de Santos e redistribuídos pelo DAC. Posteriormente fomos a Buenos Aires, Luiz Hermes, vibrante sócio do ARGS e eu, adquirindo do representante da Robinson, Sr. Alberto Tuffro, o primeiro R-22, prefixo PT-YCZ, bem mais moderno que os Bell 47 PP-HUI e PP-HUD. O ARGS formou nesse departamento mais de 60 pilotos.

Um grande reconhecimento ocorreu quando fomos incumbidos da formação de pilotos para a Brigada Militar do Estado. Na primeira turma formamos os Tenentes Paulo Stocker, Marcio Galdino e Kleber Senisse, os quais voaram com nosso instrutor Amauri Kreisner. Eu sempre integrei o grupo e, mais tarde, tornei-me checador credenciado. Atuaram ainda nesse curso nossos pilotos Rudy Barlem, Otavio Rosa e Guilherme Hoff. O curso de formação de pilotos de helicóptero foi encerrado no final de 2008. O motivo foi a falta de provisão financeira para a reposição deles, que, embora captada, fora usada pelo setor financeiro indevidamente, segundo minha ótica, para cobrir incipientes lacunas de outras áreas.

O senhor Michel Shallon, do ICAO em visita ao ARGS. O CTE, Machado explica as razões da projeção da entidade no cenário mundial.

29

O DESPERTAR DE VOCAÇÕES – RECONHECIMENTO

Voltando à sede antiga do ARGS, em Canoas, pelos anos de 1967, registramos alguns alunos e até instrutores que se divertiam nas folgas construindo e voando aeromodelos controlados por cabos. Eram voos circulares, e os modelos possuíam pequenos motores que consumiam uma mistura de éter, álcool metílico e óleo de rícino. Havia também os que consumiam a mistura de éter e querosene. Construímos uma pequena sala ao lado da área, para a montagem e a guarda após os voos.

Um dos instrutores era o Traverso, cujo pai trabalhava na prefeitura, e foi por intermédio dele que conseguimos um aterro cedido pelo então Prefeito Hugo Lagranha. Em março de 1969, tínhamos uma nova pista, melhorando muito a área que usávamos para os voos.

A prática desse aeromodelismo trazia muitos garotos e garotas, os quais naturalmente já demonstravam interesse por aviões; com esta lúdica atividade, desenvolviam também algum conhecimento de mecânica e aerodinâmica. Criamos aulas teóricas adicionais que passamos a ministrar-lhes, logicamente adaptadas ao nível de compreensão de suas idades. Muitos deles, ao atingirem seus 17 ou 18 anos, acabavam por ingressar no curso de avião real, e geralmente se distinguiam no aprendizado. Era fácil ver que o melhor progresso que obtinham advinha do aeromodelismo, anteriormente praticado. Entusiasmado com a ideia, criamos para aquela garotada adolescente um currículo de aulas teóricas mais extensas e regulares. O sucesso foi imediato, e, dada a seriedade daquele minicurso de aviação, procurei dar-lhe uma roupagem mais oficial, e passei a denominá-lo de Departamento de Iniciação Aeronáutica (DIA), ao invés de Curso de Aeromodelismo, o que melhor correspondia à realidade. O aproveitamento nos cursos de piloto privado daqueles jovens, já então com 17 a 18 anos, era sempre superior à média. A conclusão óbvia era de que a prática do aeromodelismo identificava neles um saudável interesse pela arte de voar e dessa forma identificava mais cedo sua vocação para a aviação.

O DIA teve como responsáveis, a partir da sede em Canoas, Sergio Traverso, Carlos Lanfredi, Alceu Lisboa, Pedro Marmitt, Carlos Abreu, Rodrigo Boleto e Alexandre Pilla. Em 1978, já em Belém Novo, o ARGS recebeu do DAC um planador de instrução primária Neiva B, prefixo PP-PAU. A legislação para os cursos em planador aceitava jovens a partir dos 14 anos. Eu sabia que a Alemanha, ao incentivar o voo em planador desde a adolescência, havia conseguido formar uma poderosa força aérea que deu muito trabalho aos aliados na Segunda Guerra.

Não sem razão, esse curso de planador, estendido de forma prematura a jovens, chamou a atenção do Jornal Nacional, que entrevistou em voo alguns desses garotos. O voo foi realizado com os alunos Pedro Scorza e Julio Bernaud, ambos com 14 anos de idade, fato que deixou surpresa a repórter Sônia Bridi, da Rede Globo. Os pilotos assim formados, seguindo essa inédita progressão e com menos de 20 anos, já ingressavam na carreira e lá obtinham um não surpreendente sucesso profissional.

No novo local, o DAC alocou recursos para uma pista asfaltada e um terceiro hangar, que abrigaria a atividade do DIA e o desenvolvimento da construção amadora. A inauguração aconteceu em 24.11.1989, com a presença do Brigadeiro Pedro Ivo Seixas, Diretor-Geral do DAC.

Internamente, no Hangar III afixamos uma placa com os dizeres: "Para o cumprimento de nossa missão educativa, com o apoio do Departamento de Aviação Civil, surge esta casa que busca despertar vo-

Foto de uma aula do grupo de alunos da iniciação aeronáutica, DIA. Minha iniciativa ao criar esse departamento deu grande e importantes frutos ao ARGS.

cações para o voo, construir asas para tal e formar aqueles que lhes vão prover a manutenção".

Passado algum tempo, me veio a ideia de aperfeiçoar o DIA, dando a essa atividade maior importância; criamos um programa adicional, que incluía o voo em avião verdadeiro. Foi quando apresentei o sugestivo nome "Quero-Quero Voar" para este curso. O objetivo era ministrar aos jovens alunos um pouco da prática do voo real em aviões. Cada um recebia três horas de voo incluídas no curso, voadas com um instrutor especialmente preparado para tanto. A atividade não tinha contornos oficiais e requeria autorização específica dos pais. Os aviões alocados foram o Fleet Kanuck PP-DIH e o Neiva P-56 PP-GSW.

Algum tempo após a criação dessa inédita atividade, recebi em 1996, muito surpreso, uma correspondência vinda da Experimental Aircraft Association, dos Estados Unidos (EAA). Eu havia sido indicado para receber, na cidade de Oshkosh, no Estado de Wisconsin, durante a 28.ª Convenção daquela associação, a comenda Major Achievement Award. Era o reconhecimento destinado a quem havia

Recebendo a Major Achievment Award da EAA, nos Estados Unidos, em 1996.

contribuído significativamente para o futuro da aviação civil. Foi entregue pela EAA no Theatre in the Woods perante grande plateia. A menção e a placa recebidas faziam referência às iniciativas da criação do DIA e também às do programa "Quero-Quero Voar". Anos depois, programa semelhante foi criado nos Estados Unidos, chamado *Young Eagles Program*. Naquele país americano, organismos como o FAA se preocupavam com o decréscimo do interesse das novas gerações pela aviação, provocando uma possível falta de pilotos para a indústria do transporte aéreo. As iniciativas aqui no Brasil foram percebidas pela EAA americana. A conexão ocorreu porque havíamos fundado aqui o Chapter 1068, um braço daquela organização, a exemplo dos já existentes em outros países. Remetíamos regularmente relatórios das atividades da aviação experimental, as realizações do DIA e principalmente as do "Quero-Quero Voar".

Mais de 500 jovens adolescentes, moças e rapazes, cursaram aquelas aulas, onde, além da teoria, aprenderam a construir modelos de aviões e também saudáveis lições de civismo, coisa inexplicavelmente ausente nos colégios públicos e particulares da atualidade. Nenhuma das atividades aqui realizadas iniciava sem que içássemos a bandeira do Brasil e cantássemos nosso hino ou o do aviador. Esse meritório trabalho ajudou muito, não apenas na formação e identificação de vocações, como também no processo educacional de cada um deles. Além das posturas cívicas, a construção e a prática do voo nos aeromodelos que montavam traziam implícita a necessidade do cuidado e da precisão. Traziam também a noção da importância do trabalho em equipe. Esses preceitos já educavam para o comportamento naturalmente exigível no voo em aviões reais. Na prática, a dedicação aplicada no curso refletia-se no voar do modelo construído e impunha ao jovem aluno a simulação de uma realidade de vida, representada pelo sucesso ou fracasso constatado a partir da qualidade do voo do pequeno avião por ele construído.

Outro ponto alto desse departamento eram as formaturas de fim de ano. Os monitores Alceu Lisboa e Pedro Marmitt, pelo zelo e pela notável liderança como instrutores da gurizada, eram sempre homenageados. Também eram enaltecidos os memoráveis voos dentro do hangar, onde os garotos mais novinhos, após construírem os pequenos aviões movidos à borracha, faziam-nos decolar de uma mesa de pingue-pongue. Os pais, na assistência, torciam pela vitória do filho cujo voo recebesse os maiores aplausos.

Seria um merecido tributo ao nosso querido Alceu Lisboa; se o Hangar III recebe seu nome, é um preito à sua excepcional dedicação ao ARGS.

Em maio de 1992, numa bonita solenidade, onde se fizeram presentes a direção da entidade, muitos instrutores e vários alunos do DIA, fui homenageado com o diploma de 25 anos de atuação à frente das áreas técnica e administrativa do ARGS.

ESCOLA AERONÁUTICA CIVIL – UMA CARACTERÍSTICA

Nos anos 1980 o Aeroclube do Rio Grande do Sul dedicava-se quase exclusivamente à formação de pilotos. Essa característica não era evidente para o público em geral. A palavra *aeroclube* dava a ideia de ser a instituição apenas um clube de pilotos para voos desportivos. Propus acrescermos ao nosso nome as palavras "Escola Aeronáutica Civil". Passamos a adotar esse prenome grafando-o na lateral dos aviões e em todos os documentos emitidos. Fomos a primeira entre as entidades congêneres a adotar esse título antes do nome oficial. Esse fato destacou melhor nossa função.

Em adição à essa característica mais acadêmica, vale relembrar que o ARGS, no início, exigia que os alunos vestissem macacão. Era uma tradição antiga que mantivemos até os anos 1970. Para fazer jus ao prenome adotado, mudamos para um uniforme completo mais próximo ao utilizado em empresas aéreas. Eu mesmo desenhei um que consistia numa calça azul-marinho e uma camisa em tom azul-claro com galões azuis entrecortados por faixas em vermelho. Na gravata, também azul-marinho, acrescentei traços diagonais em vermelho. Todas as empresas aéreas usavam o padrão convencional de camisas brancas com os galões em dourado. Mesmo enfrentando certas opiniões pejorativas, o uniforme acabou por ser também adotado mais tarde por outras escolas. Nosso uniforme, com esses inéditos detalhes, está sendo utilizado até os dias atuais.

Não creio que a empresa GOL nos tenha copiado, mas curiosamente também ela desenhou uniformes que diferiam dos tradicionais azul-marinho, branco e dourado. Um pequeno retângulo de acrílico com o "nome de guerra" do aluno ficava sobre o bolso. A gravata possuía um prendedor metálico, onde estava inserido o distintivo padrão do ARGS.

Embora sem haver uma conexão direta com a nossa missão formadora, ativei em 1998 um convênio com a Secretaria Municipal do Meio Ambiente, buscando melhorar o conceito com a sociedade local e acrescer o cuidado com o meio ambiente por parte dos alunos. Com o auxílio do sócio Sr. José Oliveira estivemos com o Secretário Sr. Gerson Almeida, propondo que em nossos inúmeros voos, durante os treinamentos, observássemos eventuais danos à natureza, como queimadas, desmatamentos, lixões ou pedreiras. Ao pousar, comunicávamos por telefax o que fora possível observar, e a secretaria deslocava equipe por terra para coibir aquelas agressões. A imprensa noticiava nossa colaboração, e com isso atingíamos o objetivo.

A adoção de um uniforme mais adequado sugerindo a orientação profissional.

31

UM CHRISTEN EAGLE VOA EM BELÉM NOVO

Quando em visita à feira anual da Experimental Aircraft Association, em Oshkosh, Estado de Wisconsin, chamou-me muito a atenção, no pavilhão 4, um reluzente avião biplano, Christen Eagle II, com a bonita pintura imitando uma águia estilizada. Exposto dependurado do teto, estava sendo anunciado para venda em forma de *kit*. Seu fabricante, a Christen Industries, pertencente a Frank Christensen, propunha que a montagem por construtores amadores tornaria o preço muito mais acessível. Facilitaria também a inclusão de mais pilotos participantes nos campeonatos de voo acrobático nos Estados Unidos e em outros países. Na mesma feira, três destes aviões apresentavam-se diariamente em voo nos *shows* dos pilotos Tom Poberezny, Charles Hillard e Gene Souce. Compunham a já famosa equipe Eagle Team.

O Coronel Luiz Gonzaga Land, Chefe da Divisão de Aerodesporto do DAC, viajava comigo naquele ano de 1982, participando do grupo de pilotos do ARGS que eu organizara. Ficamos empolgados com a incrível performance dos pilotos e dos aviões que evoluíam. Era a terceira excursão que eu chefiava para visitar a famosa feira. Estudei detalhadamente o Eagle e sua construção, extremamente bem explicada nos manuais de montagem que acompanhavam o *kit*. Empolgado, transmitia meu entusiasmo ao Coronel Land, que também se mostrava impressionado. Ele tinha sido piloto de acrobacias no tempo em que integrava a Esquadrilha da Fumaça. Insisti que seria uma esplêndida aquisição e uma boa iniciativa se comprássemos os *kits* para ceder aos aeroclubes brasileiros designados como classe A. Esses aeroclubes já praticavam acrobacia nos T-19 e Fokker T-21 e haviam demonstrado alguma experiência na construção amadora de aviões. Na divisão de aerodesporto do DAC, a presença do Major Gustavo Albrecht, também praticante do voo acrobático, consolidava a ideia da aquisição daqueles *kits*. Esses aviões se encaixariam perfeitamente nos aeroclubes citados. Com argumentos bem embasados, junto a seus superiores, foram adquiridos os ambiciosados Christen Eagle.

Não mais que um ano após, o DAC firmava com a Christen a compra de sete desses modelos, embarcados nos Estados Unidos e distribuídos aos aeroclubes de Recife, São Paulo, Rio Claro, Nova Iguaçu, Erechim, Curitiba e Rio Grande do Sul. Paralelamente, o DAC incluiu nas tratativas da introdução do avião no país o piloto Rodolfo Penteado, um brasileiro vivendo na América, praticante e competidor de acrobacias. Penteado introduziu entre nós os necessários conhecimentos e regras de voos de treinamento e competição, emitidos pelo IAC – International Aerobatic Club. Ele trouxe também consigo o conhecido instrutor de voo acrobático Randy Gagne, incumbido de solar os primeiros brasileiros no Eagle. Voei pela primeira vez com Randy, em Nova Iguaçu, o PP-ZNY.

Cada representante de aeroclube deveria efetuar esse treino, condição sem a qual não poderia voar nos novos aviões. Era importante esse treino, principalmente pelas inéditas características do avião nos parafusos chatos, acidentais ou intencionais. É um comportamento inerente aos biplanos de alta performance, visto que essas manobras causam facilmente desorientação espacial nos pilotos. Muitos, sem o devido treinamento, são levados a aplicar comandos de forma inadequada, o que retarda demasiadamente sua recuperação. Essa situação já tinha causado sérios acidentes em aviões desse modelo.

O Eagle a nós entregue, eu mesmo fiz questão de montar; para tanto, trabalhei durante 2 anos à noite após o expediente. Às vezes entrava madrugada a dentro na sala ao fundo do hangar, acompanhado

O Christen Eagle II PP-ZRS pronto após dois anos na montagem e antes do 1.º voo, em 15 de agosto de 1989.

somente pelo meu cachorro, um Basset Tibetano que se chamava casualmente Oshkosh. Para a montagem das asas, entretanto, busquei a prestimosa colaboração de José Saffer e Leandro Troyan, pelas habilidades que possuíam no trato com madeira. A entelagem e a pintura ficou a cargo dos mecânicos Valmir Oraldo e Fernando de Oliveira.

Com o avião pronto, efetuei o primeiro voo de teste em 15 de agosto de 1989, na presença dos que participaram da construção. O comportamento do avião PP-ZRS, já no primeiro voo, foi excelente e posteriormente fomos homenageados, em setembro de 1989, pelo chefe do SERAC 5, Coronel Cezar Harres. Naquele primeiro voo eu confirmava minha convicção de que o Eagle era realmente um avião excepcional, capacitado às categorias avançada e ilimitada segundo os padrões do IAC à época. Com ele estendíamos aos pilotos do ARGS a possibilidade de atingir os níveis mais altos da pilotagem, inclusive em nível internacional. Com o Christen Eagle são formados pilotos hábeis e proficientes. Não é um avião fácil de pilotar e por isso oferece natural desafio a quem o voa. Cumpre as premissas de seus engenheiros para ser excelente em competição e um bom formador de pilotos nessa atividade.

No Eagle formamos vários pilotos e criamos um time para participar dos campeonatos em Erechim, Ubatuba, Itanhaém, Ribeirão Preto, Florianópolis e aqui na sede do ARGS. Participamos com nossa equipe nesses primeiros campeonatos organizados pela ACRO, a associação criada para essa nova atividade no país. Em maio de 1992, os pilotos de acrobacia do ARGS obtiveram a primeira colocação por equipe no certame brasileiro, disputado em Ubatuba. Tive também a satisfação de trazer ao ARGS os troféus de primeiro colocado em vários campeonatos. Fizemos apresentações em *shows* aéreos pelo país e no Uruguai, sempre com muita segurança e profissionalismo.

O Eagle, somado aos CAP-10, marcaram uma importante fase dentro do aeroclube e projetaram de forma notável esse segmento desportivo. Infelizmente, após os anos 2010 e até 2019, novas mentalidades diretivas, paradoxalmente avessas ao esporte da acrobacia, desestimularam a modalidade. Como resultado, afastaram não só o esporte em si e seus praticantes, como todos os efeitos subjetivos de estímulo à técnica e à disciplina que esse tipo de voo naturalmente trazia. Distanciaram também a vibração e a empolgação que gerava entre os demais pilotos a iniciativa de galgar padrões mais altos em suas formações. Os voos atraíam também muitos visitantes, que frequentavam o ARGS para assistir às evoluções, movimentando a entidade, divulgando-a e incentivando alunos a fazerem aqui seus cursos.

Os praticantes da atividade, por não contarem com a simpatia e o apoio da direção, conforme mencionamos, desestimulados, afastaram-se, reduzindo a zero a atividade no ARGS.

Os Eagle e a acrobacia aérea marcaram uma época áurea na instituição. O nível alcançado na formação de seus pilotos em muito melhorou seu padrão técnico. Os voos dos aviões sempre foram fonte inspiradora para muitos, incluindo os iniciantes, que, impressionados com as demonstrações quase diárias, sonhavam um dia lá chegar. O nível desse desempenho foi alto a ponto de proporcionar a vários de nossos pilotos obter prêmios em campeonatos aqui e no exterior. Eu mesmo competi em nome do ARGS em Seebring, USA, obtendo o 6.º lugar entre 26 participantes oriundos de todo o mundo. Um de

O Chisten Eagle PPZRS em seu primeiro voo sob o comando de
Sergio Machado, em 15 de agosto de 1989.

nossos pilotos, Francis Barros, acabou projetado internacionalmente em colocações importantes nos campeonatos europeus. Com sua performance, galgou destaque, participando dos famosos *shows* ao redor do mundo pela Red Bull Air Race nos anos 2015 e 2016. Pilotos com tamanha expressão, no país e no exterior, eram disputados por entidades ou aeroclubes, que lhes prestariam grande apoio, tendo em vista o retorno que passariam a gerar.

As mentalidades diretivas mais recentes infelizmente não alcançaram essa inteligente compreensão. O ARGS voou com seu PP-ZRS acima de 1.300 horas e tivemos a satisfação de formar mais de 20 pilotos sem nunca ter registrado qualquer acidente ou mesmo incidente.

32

UM CAP-10 POUSA EM BELÉM NOVO

O sistema de som dos alto-falantes da feira anual da EAA em Oshkosh, ao início dos anos 80, brindava a plateia de mais de 100 mil pessoas, tocando o Quarto Movimento da 9.ª Sinfonia de Beethoven, *Ode to Joy*, que fazia o fundo musical para os dois CAP-10 da French Connection que se apresentavam. Montaigne Mallet e Daniel Heligoin, pelo rádio, emocionavam o público ao descrever seu inimitável voo. A poesia de suas palavras e os acordes do *Hino à Alegria* sublinhavam a perfeita harmonia com que voavam. Fui ter com eles junto aos aviões recém-estacionados. Afáveis, convidaram-me a visitar a sede da French Connection, em Poughkeepsie, próximo a Nova York. Terminada a feira, saímos em nossos carros dirigindo pelas excelentes estradas, cruzando sete Estados até o destino.

Alguns dias depois estava eu voando com a própria Montaigne sobre as cataratas do Rio Hudson, testando a delícia de ter nas mãos um CAP-10. Sentia os comandos desse que, sem dúvida, é o melhor treinador acrobático em sua categoria, uma obra do Engenheiro Claude Piel. Admirar sua asa elíptica me fez pensar estar no Spitfire do projetista Reginald Mitchel. Isso faz lembrar imediatamente a RAF (Royal Air Force), que, com seus Spitfire, defendeu galhardamente os céus de Londres. Não sem razão lembrei de Winston Churchill, que havia dito "Nunca tantos deveram tanto a tão poucos!". Ainda observando o CAP-10 e o perfil de suas asas, é possível pensar no Bearcat da Grumman e seus feitos nas batalhas do Pacífico.

Com esses pensamentos na cabeça voltei ao Brasil cheio de ideias e empolgação. Meses depois, visitei a fábrica em Bernay, na Normandia francesa. Montaigne falara a meu respeito com o dono da empresa, Monsieur Auguste Mudry. Ele me aguardava com sua extrema simpatia na estação de trem da bela e histórica cidade francesa. Fora boa a ideia de levar comigo minha irmã Sandra, que falava bem o francês, já que o Mr. Auguste não dominava o inglês, algo esperado dos franceses interioranos daquela região. Após hospedado no hotel Le Lion D'Or, fui conhecer a indústria e no dia seguinte voei no CAP-10 com o piloto de provas da Mudry e campeão europeu de acrobacias, Dominique Roland. Foi um voo muito bom, consolidando o que pensava sobre o avião. Uma curiosidade me foi satisfeita por Dominique ao perguntar-lhe o porquê da pista de grama ter um cercado numa das laterais, o que impedia manter o centro da mesma na reta de decolagem. Respondeu rindo ser a forma de manter a grama sempre bem cortada... De tempos em tempos, o cercado onde havia ovelhas era mudado de posição. Os ovinos mantinham a grama rigorosamente aparada.

Acertei detalhes sobre a compra de um avião. Um ano depois, teríamos em Belém Novo a primeira dessas aeronaves a voar no hemisfério sul do planeta, o CAP-10 PT-LOK. Importante foi o apoio do DAC, através do Coronel Land e do Brigadeiro Seroa da Motta. Custearam o trabalho de homologação do tipo pelo CTA, já que seria a primeira importação desse avião francês para o Brasil. Finalmente, chegou num contêiner a Belém Novo o maravilhoso avião, outro dos meus sonhos que tornava o ARGS a primeira escola de aviação do país a operar esse tipo de avião zero quilômetro.

Montamos o CAP com a participação entusiástica dos nossos mecânicos e do Engenheiro Carlos Câmara, da Aeromot. Efetuei o primeiro voo em 10 de setembro de 1988. O sucesso foi muito grande, e pilotos do Brasil e do exterior vinham a Belém Novo para voar no avião e ter instrução acrobática. O instrutor Jazon Alves e eu nos re-

Os dois fabulosos aviões Mudry CAP-10, em voo, com as cores do ARGS. Compunham a esquadrilha "Tche-Connection". Na foto dos anos 90, voadas por Machado e Jazon Alves.

vezávamos na prazerosa tarefa de instrução, que alguns meses depois já atingia a boa marca de 800 horas voadas. Tal sucesso nos encorajou a trazer um segundo CAP-10. Com a venda do Citabria, nosso avião básico de acrobacia e o plano que lancei de aquisição antecipada de horas de voo pelos interessados, foi fácil e justificável trazer o PT-LXM. Dessa vez o avião veio no porão de um B-747, graciosamente transportado pela VARIG a partir do Aeroporto Charles de Gaulle, no dia 4 de janeiro de 1990. Agradecemos à empresa, oferecendo em retribuição horas de treinamento no avião para serem utilizadas pelos alunos da EVAER. Tínhamos naquele momento dois CAP-10 graças a um grande esforço. Poderíamos continuar formando pilotos de acrobacia e, mais que isso, fomentar o voo e o treinamento de acrobacia em formatura. Foi um grande passo para de imediato treinar com os instrutores que eu havia formado um *show* aéreo em dupla, buscando semelhança ao que fazia a French Connection.

Começamos a treinar voos simultâneos com os dois aviões, de forma inicialmente singela, mas evoluindo rapidamente. Já tínhamos também instalado nos dois o sistema de fumaça. A partir daí surgiu a Tchê Connection, nome dado pelo Coronel Land, da Divisão de Aerodesporto, à nossa equipe, na pretensiosa busca de imitar os franceses... Mais tarde tive o prazer de trazer os nossos PT-LOK e PT-LXM a Porto Alegre para se apresentarem no 4.º EBRAVE. Foram *shows* inimagináveis e até hoje sem paralelo em nosso país.

Os CAP-10 incrementaram sobremaneira o departamento de acrobacias aéreas no ARGS. Já tínhamos o Christen Eagle II e na equipe bons instrutores, escolhidos entre os mais experientes do quadro. Comecei a treiná-los para o incomum e muito exigente voo de acrobacia em formatura. Jazon Alves, Ronaldo Wickert, Erick Brandão e Francis Barros vieram em seguida compor nossa Tchê Connection. Embora não tivéssemos condições de um treinamento intenso, as apresentações, em número superior a cem, foram realizadas com muito sucesso em várias festividades e eventos pelo Brasil, na Argentina e no Uruguai. Em nossos uniformes, nos aviões e nos sistemas descritivos durante os eventos, divulgávamos ao público o nome do nosso aeroclube. Esses voos trouxeram muitos alunos para os cursos ministrados. Como resultado daquela ideia surgida em Oshkosh, consolidávamos a fama de uma boa escola de formação de pilotos em todos os seus aspectos. Em nenhum momento, nas mais de três mil horas voadas nesses voos acrobáticos, fossem em instrução ou nos *shows* aéreos, houve sequer um incidente. Sentia sempre o enorme peso da responsabilidade em manter a absoluta segurança. Nos cumprimentos que recebia após as demonstrações, guardava em meu íntimo a satisfação de ter conseguido cumprir o objetivo, voando com muita segurança e aliviando as preocupações da direção do ARGS, vez por outra sutilmente demonstradas. Sobrevinha após cada voo a satisfação de ter conseguido divulgar o ARGS de forma excepcional, como o maior centro formador de pilotos de acrobacia na América do Sul. Devo ressaltar a excelente resposta que recebia daqueles pilotos, baseada na qualidade técnica e na seriedade deles. Com frequência esse reconhecimento me vinha à mente quando voávamos a poucos metros de distância um do outro, sobretudo nos voos invertidos próximos ao solo. Foram ocasiões de enorme satisfação pessoal, orgulho e de indizíveis momentos como os compartilhados pelos pilotos de *shows* aéreos no mundo, capacitados a efetuar as incomuns acrobacias em formatura.

Quando do ARGS me ausentei, assisti com tristeza a venda dos aviões CAP-10, ignorando o potencial que possuíam, bem como todo o trabalho que havia sido realizado para torná-lo realidade. Era perceptível que os novos dirigentes e seus conselheiros não se deram conta do valor que tinham em mãos, certamente eclipsados pelos seus limitadíssimos conhecimentos desse tipo de voo. Compreensível pela falta de competência, mas inaceitável não terem recorrido a quem os socorresse em suas deficiências. Com a venda a valores aviltantes dos aviões CAP-10 e a supressão dos cursos de acrobacia aérea, diversos pontos positivos da instituição foram descontados do prestígio e da fama do nosso Aeroclube do Rio Grande do Sul.

33
OS MEMORÁVEIS ENCONTROS AÉREOS

Entre os vários feitos que tornaram o ARGS uma referência nacional, os EBRAVES – Encontros Brasileiros de Aviões Clássicos Antigos e Experimentais, ocorridos em cinco edições, foram eventos marcantes impulsionando iniciativas semelhantes em todo o país.

Foto: Leonardo Andrade

Uma das grandes contribuições colocadas em prática por Machado foram os EBRAVES. A foto mostra o sucesso do segundo evento, de 1989.

Os EBRAVES – Encontros Brasileiros de Aviões eram sempre um entrondoso sucesso.

Lendo pela primeira vez matéria na revista *Air Classics,* fiquei curioso e decidi ir até a cidade de Oshkosh, no Estado de Wisconsin, nas férias de julho de 1982. Lá estavam apenas cinco brasileiros, entre os quais Fernando de Almeida, engenheiro, aviador e articulista sobre aviação. O que vi me deixou empolgado. Naquele ano ainda não havia Internet nem celulares como hoje. Comprei uma câmera Cannon 1014, fazendo filmagens em Super 8 milímetros, para registrar o que estava vendo e poder mostrar aquele incrível evento quando retornasse ao Brasil.

Ao chegar, promovi várias sessões ao pessoal do aeroclube, os quais, naturalmente motivados, decidiram conhecer a feira de perto no ano seguinte. Nessa segunda viagem a Oshkosh, uma empresa de turismo entendeu juntar-se a nós, solicitando que eu chefiasse a excursão montada com um grupo de 25 integrantes. E lá fui eu novamente! Dessa fez comprei um equipamento VHS novo e filmei uma vez mais toda a feira, pensando em empolgar nosso pessoal para fazermos aqui no Brasil um evento minimamente semelhante.

As grandes empresas aéreas se faziam presentes em todos os EBRAVES.

Com a ideia lançada, começamos a preparar o primeiro EBRAVE, com duração prevista para três dias. O sucesso foi enorme e ao término já estávamos programando repeti-lo, ampliando para cinco os dias. Realizamos cinco edições sucessivas, a primeira em 1984 e as demais em 1985, 1987, 1990 e 1996.

O 3.º EBRAVE foi o maior de todos. Os preparos foram empolgantes e, por não haver a burocracia e as amarras atuais impostas pela ANAC, demos asas à imaginação, fazendo grandes encontros, com uma infinidade de eventos, onde participavam aeromodelos, aviões, planadores, helicópteros, paraquedistas, acrobatas, aviões comerciais e a Força Aérea Brasileira. O enorme sucesso despertava interesse em toda comunidade local, no resto do país, no Uruguai e na Argentina. No terceiro evento, por exemplo, tivemos de ampliar para uma semana, porque ninguém queria ficar fora. Cento e trinta aviões visitantes mal conseguiram estacionar na área designada. Nenhuma empresa aérea deixou de passar com seus Boeing, Airbus, Bandeirante, MD-11 e jatos F-5 para brindar os presentes com sensacionais voos rasantes. As empresas de grande porte na época incluíam a VARIG, a Transbrasil, a VASP e a RIO-SUL. Aviões de todas fizeram passagens baixas durante o evento, em explícita homenagem aos presentes. Os comandantes, muitos ex-alunos da própria entidade, faziam questão de falar ao público pelo sistema de som, cumprimentando o aeroclube pela sua importante iniciativa.

Para o preparo do EBRAVE, eu promovia reuniões semanais da equipe organizadora com quatro meses de antecedência. Éramos cerca de 30 pessoas, cada uma mais entusiasmada do que a outra. Eu lhes distribuía funções e tarefas. Nada era impossível, e conseguíamos realizar tudo o que imaginávamos desde interessantes palestras, como inéditas apresentações de *shows* aéreos.

Entre as apresentações inéditas estavam voos de formatura com nove aviões Fairchild T-19, o acrobata De Carli sendo içado de um carro a um avião em voo, a formatura com seis aviões Neiva P-56, o grupo de seis planadores rebocados simultaneamente por três Cessna 305, a apresentação da French Connection e da Esquadrilha da Fumaça com o novo Embraer T-27 Tucano. O grupo com os Neiva P-56 demonstrava grande simetria entre as aeronaves e refletia a disciplina dos pilotos. Os seis aviões tocavam a pista de mil metros com a mesma formatura para, na sequência, arremeter, cortar os motores, voltando a tocar a pista sem quebrar a formação e novamente deco-

Entre várias outras empresas da aviação comercial, a Varig e a Transbrasil faziam-se presentes nos EBRAVES. No Electra, o Comandante Richieri e no Boeing o Comandante Quadros.

lar. Nenhum deles tinha radiocomunicação entre eles. Além de tudo, chamava muito a atenção dos presentes nesse voo em grupo a beleza desses aviões. Pintados cada um numa cor vistosa e diferente do original. Também desenhei e instalei calotas em fibra de vidro nas rodas. Era uma adição inédita que custou muitas horas de trabalho aos mecânicos Carlos Lanfredi e Osmar Picanço e a mim. Na época não eram aplicados STCs (Suplemental Type Certificate) e por isso ousei fazer a modificação, repito, inédita, melhorando o desempenho e a estética.

Outro *show* digno de um Oshkosh fizemos com nove aeronaves. Eram três aviões rebocadores, cada um puxando dois planadores. Todos acionavam o sistema de fumaça durante a dispersão sobre o público. Abriam cada um em rumo diverso, desenhando uma imensa flor de lis. Naquele momento o sistema de som apresentava a música-tema "2001 – Uma Odisseia no Espaço". A grandiosa apresentação envolvia a todos e tocava fundo a emoção dos presentes. Ao ver a reação no rosto da assistência, pensava comigo estar plenamente compensado pelas vezes em que treinara as equipes e a responsabilidade que pesava sobre mim. Durante o evento, visitantes acampavam em barracas nos gramados. Ninguém queria perder as apresentações previstas e até algumas ocasionalmente imprevistas. Os aviões comerciais de grande porte obedeciam às suas escalas sem prévio horário. Interrompíamos alguma apresentação própria para ceder espaço a um grande jato que, indo ou voltando do Aeroporto Salgado Filho, pelo rádio nos informava e decidia sobrevoar o local, normalmente em baixíssima altura.

Lembro de um B737 da VASP comandado por Fernando Sporleder que decolou muito cedo do Salgado Filho e que na véspera coordenara com dois pilotos de Christen Eagle para passarem numa formatura em "V". Só assistiram a esse inédito voo os visitantes que, acordando cedo, saíram das barracas esfregando os olhos sem acreditar naquela visão.

Promovemos grandes encerramentos com entregas de prêmios aos aviões mais originais, mais preservados e os que de mais longe tinham vindo. Também ao mais velho piloto presente. Ao longo da semana fazíamos palestras com temática voltada à segurança, desenvolvimento de aviões experimentais e interação com autoridades aeronáuticas. Os encontros e os *shows* aéreos dos EBRAVES, inéditos até então no país; causaram bons reflexos e geraram iniciativas semelhantes nas demais entidades por muitos anos.

A descrição até aqui feita pode ser assistida integralmente na plataforma YouTube, acessando pelo *link* 3.º EBRAVE.

A cessação desses certames teve origem parcial no término dos estímulos promovidos pelo DAC.

Iniciativas que geram grande sucesso e repercutem na sociedade podem trazer reações nem sempre positivas. Abro um parêntesis registrando fato ocorrido no quarto desses encontros, provocado por sócio conhecido que reagia negativamente ante qualquer desconformidade às suas pretensões. Fez uso de dois ex-alunos bolsistas do sistema CFI. Decidiram fazer o curso de piloto agrícola em outra cidade e alegaram que, face a esse fato, não poderiam cumprir com as obrigações firmadas. Ante a negativa que demos às suas pretensões, mesmo assim afastaram-se do aeroclube. Apoiados pelo aludido sócio, acionaram a Justiça contra o ARGS. Esta lhes deu provimento, desconsiderando nossa defesa de que a forma do contrato pactuado fora antes usada pelo próprio DAC. O sócio, liderando o grupo, articulou a seguir uma campanha de muito baixo nível. Criou denúncias falsas, levadas a um político filiado ao Partido dos Trabalhadores. O deputado cooptado para a ação referida condenava pela imprensa o recurso público cedido em forma de combustível, fazendo ilações de que a verba teria melhor aplicação em áreas sociais e não em evento aeronáutico. A imprensa local, sem qualquer análise da origem espúria das denúncias, multiplicou as inverdades causando natural repercussão, maculando a mim e a instituição. O denunciante do grupo, covardemente, não se expôs. As denúncias feitas foram todas arquivadas por improcedência. O porta-voz do insano grupo foi condenado a quatro meses de prisão, além de multa pecuniária. A conduta dos ex-instrutores e do inescrupuloso sócio que adiante também foi desligado do Aeroclube de São Leopoldo, provocou o único incidente na existência do sistema CFI e dos EBRAVES. Foi o chamado incidente ou acidente de percurso que não raramente afeta a vida de pessoas e instituições sadias, a partir de indivíduos nada sadios que algumas vezes destas se aproximam.

34

O ACROBATA VICTOR DE CARLI

Victor Caio Domingo Menna Barreto De Carli foi uma pessoa diferenciada. Era dotado de força física, energia, coragem e magnetismo pessoais enormes. Em Eldorado tinha sua fazenda, criava peixes e abelhas. Era acrobata e paraquedista esportivo. De forma inédita no Brasil, pendurava-se em planadores e aviões, abrilhantando festas aéreas com seu destemor. Ora sobre as asas do avião, ora dependurado no trem de pouso de um avião pequeno. Assim apresentou-se em *shows* pelo país.

Ao retornar dos Estados Unidos, onde assisti, em Oshkosh, *shows* de acrobatas dependurados em aviões Stearman, sugeri que ampliasse os feitos que fazia por aqui, buscando algo diferenciado. Passei-lhe a ideia de sair de um carro e subir para um avião em pleno voo. Vibrou com essa inovação com sua costumeira disposição. De imediato ele construiu uma escada de cabo de aço com cinco degraus, que seria presa ao avião. Eu deveria chegar em voo muito baixo e bem lento sobre a pista. De Carli se postaria de pé sobre esse carro sem capota que iniciava a corrida ao longo da pista. Partimos para a experiência prática. Usamos o Buggy do Marcio Ribeiro, que seria o motorista e cuja função era sincronizar sua velocidade com a do avião PA-18. Necessitaríamos de absoluta coordenação entre nós, o Marcio no carro aberto, De Carli de pé nesse carro e eu na pilotagem do avião. Deveríamos ter total confiança entre nós, pois nenhum poderia errar na difícil tarefa, sobretudo porque nunca tínhamos feito isso antes. Quando o avião ingressava na reta final da pista o Marcio, ao meu sinal, iniciava a corrida e De Carli aguardava o momento certo em que a escada, pendida do avião emparelhava com o carro, num voo obviamente muito baixo. Marcio mantinha uma velocidade em torno de 80 quilômetros por hora, a mínima em que o avião podia voar. Eu deveria voar sobre o carro a poucos metros de altura, com uma velocidade próxima ao estol. Estava ciente de que, se estolasse, pousaria sobre o Buggy, o que obviamente seria um desastre. Com a escada pendente balançando sobre o carro, De Carli deveria alcançá-la a partir do último degrau. Com o forte assobio que dava, confirmando estar firmemente agarrado a ela, eu o tirava do carro lentamente, aplicando potência e iniciando a subida. Deveria ficar atento, já que a pista não era muito longa e Marcio deveria ter o óbvio cuidado de não ultrapassar o limite dela. Tudo isso deveria ocorrer ao longo de cerca de 800 metros em não mais de 15 segundos. De Carli então ascendia aos degraus de cima e, ainda dependurado sob o avião, passávamos em retorno a uns 100 pés de altura, quando ele acenava ao público.

Repetimos então essa manobra, já confiantes, pois já tivéramos grande sucesso nos *shows* aéreos do aeroclube. Certa vez, entretanto, quando eu estava fora do país, haveria uma grande festividade na Base Aérea, em Canoas. Sem contar comigo, De Carli teve de buscar outro piloto e outro motorista para não faltar com sua apresentação, que ocorreria perante várias autoridades da Força Aérea. Conseguiu emprestado um PA-18 do Clube Albatroz, pilotado pelo Meneghini e um potente Dodge Dart, sobre cujo capô De Carli se equilibrava. No dia do evento, o motorista do carro, entretanto, entendeu de acelerar seu Dodge muito além do necessário, já que tinha uma longa pista pela frente. A escada presa ao avião ficava excessivamente na horizontal, pela maior pressão do vento relativo. Meneghini teve de manter uns 120 quilômetros por hora para alcançá-los. O motorista, vendo que na passagem do avião De Carli conseguiu precariamente agarrar o primeiro dos degraus, freou bruscamente. Com o peso do acrobata a escada verticalizou antes de o avião iniciar a subida. Como não poderia deixar de ser, De Carli atingiu o solo, sendo quase atropelado pelo carro, que vinha atrás. Nosso acrobata sobreviveu de forma surpreendente. A piada, sem graça, foi a de que após sua *aterrissagem* consumiu no hospital para onde foi levado às pressas todo gesso disponível em razão das suas múltiplas fraturas.

Passados uns cinco anos desse acidente e próximo a outro grande evento novamente em Belém Novo, encontrei-o em visita ao aeroclube. Nem pensei em perguntar-lhe se estaria disposto a fazer de novo aquele *show* do carro. Em vez disso, propus apenas que me ajudasse em um *show* diferente, no qual substituí o acrobata por um saco com cerca de 80 kg de brita. O avião subiria apenas apresentando como *show* o apanhar de uma carga, passando esta do carro ao avião. De Carli, no automóvel, iria apenas enganchar o saco na escada. Após repetirmos a experiência com sucesso por três vezes, como eu imaginava, acabou dissipando nele o receio de um novo tombo. Com o sucesso da minha estratégia e face à rápida recuperação do espírito destemido do acrobata, ele mesmo propôs ir no lugar do saco de brita, e a façanha acabou sendo repetida mais uma vez, dessa feita com segurança e sem que ocorresse outro incidente. Empolgado e feliz pela superação conseguida, combinamos reapresentar aquele *show* num dos EBRAVES que se aproximava. Repetimos diversas vezes aquela façanha em outros eventos.

De Carli veio a falecer em 21/12/2013 por outras razões. Fiz-lhe minha homenagem sobrevoando o cemitério naquele dia com o mesmo avião que lhe proporcionara momentos de grande satisfação e orgulho nas demonstrações que tanto amava fazer. Dificilmente haverá no país outro De Carli, pessoa admirável, de energia infindável com o qual, não apenas pelo nosso inédito *show*, mas principalmente pela admiração mútua que nutríamos, sedimentamos uma grande amizade.

35

PLANADORES VOAM NO ARGS

Em atenção aos preceitos do DAC vigentes na década de 70, além das várias práticas aerodesportivas, faltava-nos incluir a formação e a prática do voo em planadores. Para atingir o objetivo busquei fazer o curso de piloto de planador no Clube Albatroz, em Osório, onde voei com Jorge Neumann, um renomado instrutor daquela escola. Como não poderíamos ser autorizados a voar planadores em Canoas, firmei convênio com o Aeroclube de Montenegro para que pudéssemos voar e também hangarar o planador que nos seria cedido. A solução que propus de voarmos numa pista satélite em Montenegro foi aceita pelo DAC. Assim recebemos em doação, em 1979, o Neiva B PT-PAU, de forma que atingimos plenamente a classe "A". Também recebemos o avião rebocador PA-18 PP-GIL. Depois, com a construção de uma pista em Belém Novo, aumentamos em muito a formação com aquele simples, mas muito eficiente planador.

Quando ainda em Canoas recebemos a inscrição no curso de piloto privado do Sr. Siegfried Heimmerl, Diretor-Presidente da B GROB do Brasil, com o qual firmamos muito boa amizade, mantida por longo tempo. O Sr. Siegfried antecipadamente mandou pesquisar informações sobre a escola e os nossos cursos e, mesmo morando em São Paulo, decidiu frequentar seu curso de piloto aqui em Porto Alegre. Como bom alemão e importante empresário, buscou cercar-

Foto: Leonado Andrade

Machado como instrutor e Siegfried Heimmerl, diretor da BGROB do Brasil, à frente para este primeiro voo do Grob G-103, após a entrega ao ARGS.

-se de um local que lhe oferecesse segurança e eficiência. Inscreveu-se e para tanto teria de deslocar-se semanalmente ao ARGS, em Canoas.

Eu já havia estudado sobre os magníficos planadores feitos pela GROB FLUGZEUGBAU, em Mindelheim, na Alemanha. Aproveitando a presença do Sr. Heimmerl conosco, falei-lhe do sonho de um dia ter um Grob voando em nossa escola. Eu tinha em mãos um belo folheto colorido, ilustrando os vários planadores lá construídos. O Sr. Siegfried aparentemente se sensibilizou com a pretensão, pois, passado algum tempo, espontaneamente voltou ao assunto e me disse talvez poder ajudar a realizar aquele sonho. Consultou o presidente da Grob, Sr. Burkhart Grob, que afirmou alcançar-nos um financiamento direto da fábrica. Sem termos um adequado aval de um banco para tanto, o Sr. Siegfried prontificou-se a ser ele próprio, gratuitamente, o nosso avalista.

Após ser formado piloto, retornou a São Paulo e tratamos então de formalizar as tratativas para a importação, não apenas de um planador, mas sim de quatro Grob G-103. Um deles permaneceria na Fazenda Capão Bonito, de propriedade da Grob em São Paulo, o segundo ficaria com seus amigos de Florianópolis e dois viriam para nós, o PP-PJG e o PP-PJH. Foi importante naquele conjunto de ousados empreendimentos a atuação de Norman Momo, instrutor do ARGS, levado daqui pelo Sr. Heimmerl, quando passou a ser seu piloto particular em seu Piper Seneca.

Momo em muito nos ajudaria nos processos seguintes. Ato contínuo, elaborei um grande plano de divulgação, visto que somente dobrando o número de alunos do curso poderíamos assumir o compromisso financeiro. Fizemos uma grande campanha de aquisição antecipada de horas no novo planador que viria. A adesão entre os sócios e alunos foi maior que o esperado e já nos sentíamos seguros quanto ao sucesso daquela aquisição. Importante lembrar que uma hora de voo no Grob custaria quase o dobro do que cobrávamos no planador Neiva B.

Em setembro de 1985 os planadores chegaram e foram desembarcados em nosso hangar. Os sócios e pilotos daquela época lembram bem o momento da chegada, quando abrimos a porta do contêiner, ainda sobre o caminhão de transporte. O fato curioso é que quem primeiro adentrou o contêiner muito ansioso foi, nada mais nada menos que nosso saudoso cão-mascote Elvio. Todos tinham muito cari-

A Escola Aeronáutica Civil ARGS em todo seu esplendor.
Finda a primeira década do ano 2000, inicia-se o gradual desmanche.

nho com o Elvio, grande protagonista de quatro patas que, em certos momentos da instituição, principalmente quando alguém solava e era jogado no valo cheio de água... Houve uma grande festa em nossas instalações com a presença da diretoria da Grob, incluindo voos de demonstração no flamante G-103. Eu realizei o primeiro voo do PP-PJG com o Sr. Heimmerl e a seguir com as autoridades presentes. Foram os primeiros voos de um Grob no Brasil. O sucesso foi tal, que voamos já no primeiro mês mais de 80 horas em cada planador.

Foi um período de grande atividade, quando contamos com valiosas participações, principalmente dos instrutores Marcio Ribeiro (Nego Marcio), Fernando Henz, Alexandre Simonis, André Takagi, Christian Dreher e certamente outros mais. Meses após, em função do grande volume de voos, conseguimos junto ao DAC o segundo rebocador, o PP-GKG.

Com os Grob mostrando excelente desempenho e produzindo cada vez mais, recebemos um contato do Coronel Land, da Divisão de Aerodesporto do DAC. Oferecia-nos três aviões rebocadores de uma só vez. Eram os aviões Cessna 305, ex-Força Aérea L-19, que foram assumidos pelo DAC. Surpreso, perguntei qual seria a condição, e fui informado que para tanto deveria acompanhar na Aeromot a revisão geral desses três aviões, bem como a modificação e adaptação dos ganchos para reboque de planadores. Minha tarefa seria voar os aviões e testá-los nessa função.

O Cessna revelou-se um excelente avião para a missão. Após o relato que fiz à Diretoria do ARGS sobre performance e consumo, nosso presidente oficiou o DAC, aceitando os três. O Brigadeiro Wolney do Rego, em solenidade com a presença do Diretor da Aeromot, nos fez a entrega oficial dessas três aeronaves. Como era uma condição prévia, devolvemos ao DAC nossos dois PA-18 PP-GKG e PP-GIL, que foram redistribuídos a outros aeroclubes.

Os Cessna sempre tiveram desempenho excelente e com manutenção equivalente à dos PA-18. Voaram no ARGS mais de 1.000 horas cada um. Nas festas aéreas, usávamos o Cessna 305 para voos simultâneos dos três, cada um rebocando dois planadores, um evento inédito no país, até porque formavam uma esquadrilha de nove aeronaves, todas com rastro de fumaça, incluindo os planadores.

O departamento de planadores do ARGS, ao longo de suas atividades, foi mais um importante diferencial que oferecíamos. Propiciava uma formação intermediária entre o departamento de iniciação aeronáutica e os cursos convencionais em avião. Aprimorava em muito a formação técnica dos pilotos instrutores e de pilotos comerciais. Sempre operou com insuperável nível de segurança.

Junto aos três rebocadores e aos dois Grob, gradualmente foram adicionados à frota um Jantar SZD-48 e seis KW-1, nos anos seguintes, totalizando no departamento doze aeronaves mantidas até o final dos anos 2000.

Entre 2012 e 2019, gradualmente o aeroclube passou a diminuir a frota de planadores, à mercê de uma filosofia incompreensivelmente antagônica aos voos em planador. A diretoria dessa época entendia que os planadores prejudicavam a operação dos aviões. Havia por

Foto: Leonado Andrade

O ARGS, à mercê do seu conceito, foi a única escola a receber os aviões Cessna 305 (L-19) para rebocar planadores. Na foto, o Presidente Helio Maciel e o CTE. Machado recebem do DAC, das mãos do Brigadeiro Wolney os três L-19, PPGYU - PPGYV - PPGYW.

parte da direção a declarada intenção de eliminar o voo deles no aeródromo, e vários deles foram doados ou vendidos para "não atrapalharem" os voos a motor. Outro retumbante erro que em muito prejudicou o ARGS. Em 2018, apenas quatro planadores e um rebocador restavam operacionais. Foi mais uma das posturas de desmanche e contribuintes à diminuição do seu prestígio no cenário nacional.

36

OS LONGOS VOOS DE TRANSLADO

Muitas passagens interessantes poderiam ser descritas nos trinta e três voos de translado efetuados, trazendo aviões de outros países ao Brasil. Foram muitas as situações vividas nestes voos, as quais certamente forneceriam conteúdo para outro livro como este. Descreverei apenas três deles: translado de dois Cessna 172, de um avião agrícola e de um Diamond 62.

Liderando uma esquadrilha de quatro aviões

O voo começara na cidade de Wichita, no Estado de Kansas, na fábrica da Cessna, onde buscamos dois novíssimos aviões para a EGA – Escola Gaúcha de Aviação. Era o ano de 1973. O piloto Gregory Smith traria o PT-ITV e eu o PT-ITC. Gregory, filho de ingleses, era instrutor de voo no ARGS e na EGA. Por três dias visitamos a fábrica que ficava junto à pista da MacConnell Air Force Base. Nela os Boeing B-52 passavam o dia treinando pousos e decolagens.

Decolaríamos na pista 17 do Cessna Field, a não mais que 1.000 metros da pista 18 da base aérea, tomando o cuidado de não subir além de 300 pés e curvar de imediato à esquerda se não quiséssemos topar com aqueles enormes jatos de 8 motores. No dia anterior conhecemos o piloto de outro 172, o PT-ISJ, em sua primeira viagem, que seguiria junto a nós para o Brasil. Na rota dentro dos Estados Unidos, pousamos em Pine Bluff, Eufaula e Ocala, antes de Miami. Na chegada, o tempo fechou e desviamos para Melbourne. Só no dia seguinte pousamos em Miami, aeroporto de Opa-Locka, onde os tanques auxiliares de 30 galões foram instalados e fizemos a documentação de praxe, providenciada pelo despachante Maurice Martins. Os tanques auxiliares eram importantes, pois voaríamos trechos de até 6 horas.

Voamos tranquilamente sobre aquelas ilhas e sobre o mar até South Caicos e dali a Guadaloupe, ainda sendo seguidos pelo 172 do nosso novo amigo piloto França. Ao pousar em Guadaloupe, nosso acompanhante, ao taxiar sobre grama, passou com a bequilha em um buraco, e sua hélice bateu forte no chão, entortando uma das pontas. O fato o faria encerrar ali sua viagem. Decidi ajudá-lo, pois ele teria grandes problemas se tivesse de deixar sua aeronave na ilha. Encontrei próximo dois grossos caibros de madeira. Com um deles apoiado no chão, usei o outro para desferir fortes pauladas na pá da hélice, que na medida do possível foi desentortada. Sorte nenhuma autoridade local ter assistido aquele insólito reparo.

Após o pernoite naquela maravilhosa ilha, conseguimos prosseguir serenamente no dia seguinte. O avião do nosso amigo também prosseguiu, embora não tão serenamente, pois vibrava um *pouquinho*, segundo suas otimistas palavras. Tudo seguia bem até agrupar-se a nós mais um Cessna com destino ao Brasil e cujo piloto também estava em sua primeira viagem de translado. Involuntariamente passei a ser o comandante de uma esquadrilha de quatro aviões.

Ao longo da inóspita rota das Guianas, com tempo inicialmente bom, mas gradualmente fechando, com enormes CBs (nuvens *cumulus-nimbus*), não raros naquela região onde a frente intertropical costuma habitar. Hora e meia antes da chegada em Zanderij, aeroporto de Paramaribo, capital do Suriname, ocorreu uma desagradabilíssima surpresa. O aeródromo de destino fechou visual, com forte e contínua chuva, sem previsão de abertura e também já prestes a fechar por instrumentos. Pior, pois dali a poucas horas seria noite e não atingiríamos o alternado, que era Caiena, na Guiana Francesa. Os dois outros aviões que haviam se juntado a nós tinham se desgarrado e afastado mar adentro, bem distante da costa, onde apostavam o tempo estar melhor. Próximos a Paramaribo, desorientados pela má visibilidade e com a pista em Zanderij fechada, os pilotos dos Cessnas 172 e 182 demonstravam pela fonia perceptível nervosismo. Eu tinha um bom problema a resolver e agora se somava o desespero dos parceiros, que me pediam auxílio, até porque pouco ou nada falavam de inglês, muito menos entendiam o difícil inglês misturado com holandês dos controladores do tráfego aéreo daquele aeroporto. Mesmo com chuva e forte turbulência, só via alternativa de prosseguir com meu ala Gregory para um pouso IFR marginal, quando recebi do controle a sugestão de voar na proa da cidade de Paramaribo, onde a uns 20 quilômetros poderia pousar em emergência. Ali havia uma pequena pista de grama e um aeroclube no local, denominado Zorg en Hoop. Segui de imediato com proa norte e informei nossa decisão aos outros dois aviões, sugerindo que aproassem o litoral, já que estavam sobre o mar. Embora ainda sob tempo ruim, conseguiram avistar Paramaribo. Sugeri sintonizarem a *broadcast* que ficava na cidade e assim poderiam avistar o campo do aeroclube, o que acabou acontecendo para sorte deles. A decisão, que nos deu grande alívio, foi providencial, pois a pista ficava na própria cidade e estava com o tempo razoável, apesar da chuva contínua.

Após um pouso difícil, no piso lodoso, pela quantidade de água sobre a pista, nosso problema passou a ser com a imigração e a alfândega, que teve de ser requisitada, logicamente às nossas custas. Pernoitamos na cidade, para onde fomos de táxi. Não lembro desse deslocamento e acho que fui carregado pelos companheiros, pois só acordei no hotel no dia seguinte. O cansaço gerado pelo longo voo, pelo mau tempo enfrentado e ainda pelas preocupações face à pouca experiência dos pilotos involuntariamente agregados àquela esquadrilha era enorme.

O restante do voo até Porto Alegre, com somente dois aviões, ocorreu sem maiores novidades, onde entregamos os 172 à EGA, que deles fez uso por muitos anos.

Um avião agrícola destinado ao Brasil

No translado dos Estados Unidos ao Brasil em um avião agrícola Piper Pawnee PA-25, decolei com tempo bom da ilha de Providenciales, nas Bahamas. Após três horas de voo, entretanto, em contato com a torre de Punta Cana, na República Dominicana, à direita da rota, fui informado que o aeroporto acabara de fechar visual. Como não pretendia mesmo pousar em Punta Cana, devido às altas taxas cobradas, decidi prosseguir despreocupado até San Juan de Puerto Rico, já então voando sob chuva contínua. Após meia hora de voo, contatei com o controle San Juan, que me sugeriu voar mais para o sul, na direção de St. Croix, pois também tinha muita chuva e tráfego pesado. Deixei a ilha de Porto Rico à esquerda sem vê-la, prosseguindo então para St. Croix.

Eu havia abastecido o *hooper*, recipiente para defensivos agrícolas, com 400 litros de combustível de aviação. Somadas às duas horas e meia de autonomia providas pelo tanque dianteiro, o *header tank*, teria cerca de dez horas totais de voo, o que me deixava confortável.

O Piper Pawnee, em voo de translado ao Brasil, voando sobre mar e ilhas das Bahamas.

Desse tanque maior bombeava a gasolina para o *header*. A chuva constante que apanhei me fez voar cada vez mais baixo sobre o mar, visando a manter condições visuais. Após cerca de duas horas, o motor do Piper me pregou um enorme susto ao apresentar subitamente brusca queda de rotação. Enquanto ligava a bomba elétrica e checava os magnetos, observei o visor através do qual era possível ver o tubo coletor da bomba de transferência. Este estava sugando alguma água que se acumulara inexplicavelmente naquele tanque. Desliguei de imediato a bomba de transferência, e o motor retornou aos poucos a funcionar normalmente. Ficou a séria preocupação de não mais poder bombear combustível dali ao tanque principal. A água que entrava em função da pesada chuva descia ao fundo daquele tanque. Sequer podia alijar aquela água, pois, antes da decolagem, buscando estancar os vazamentos, havia amarrado firmemente com arame o bocal de alijamento de emergência.

Com isso, as dez horas de autonomia ficaram reduzidas a tão somente duas horas e meia. Restou torcer que a ilha de destino, St. Croix, estivesse há menos de duas horas de distância de onde eu supunha estar. Esperando fervorosamente estar certo nos cálculos, apostava que conseguiria chegar a St. Croix se a chuva e o vento não aumentassem de intensidade e a rota a ser seguida fosse a mais retilínea possível.

Prevendo a indesejável possibilidade de pousar no mar, vesti meu colete salva-vidas, ajeitei próximo a mim o bote inflável e selecionei a frequência de emergência 121.5 no VHF. Os 120 minutos de autonomia reduziam-se celeremente com o passar do tempo.

Minha autonomia ficava cada vez menor. A luz de *low fuel* já estava indicando haver somente cerca de vinte litros remanescentes. Fixava minha visão à frente prejudicada pela água que escorria pelo parabrisa, torcendo para ver algo que não fossem ondas. De repente, avistei uma mancha ainda bem distante, esperando ser a ilha do meu destino.

Menos preocupado, mudei a frequência do rádio para 118.3 e chamei a torre de St. Croix. Reportei-lhe a situação de estar quase sem combustível e fui autorizado a efetuar um pouso direto.

Ao contestar, esta ilha tornou-se para mim a mais bela de todas do Caribe. Bem como a voz do controlador foi a mais acolhedora e amigável que jamais havia ouvido.

Poucos minutos após, com grande alívio, as rodas tocaram solo firme em vez da água do mar, que me teria feito capotar num mergulho de imprevisíveis consequências.

Após o pouso e táxi até o setor de pernoite, fui checar o tanque dianteiro e dentro dele não vi o menor sinal de combustível.

O *hooper*, entretanto, possuía muito gasolina, embora também com muita água no fundo.

À noite, no Hotel Club Comanche, junto ao próprio aeroporto, recuperei-me com um merecido descanso e confesso ter adormecido bem mais crente em Nossa Senhora de Loreto, Padroeira dos Aviadores, por estar no solo são e salvo.

Um Diamond da Áustria ao Brasil

Em 2016, completei 54 anos pilotando aviões. Não mais pensava ter a chance de transladar aviões novos das fábricas ao Brasil, até porque as importações reduziram-se a zero nestes anos. Assim, pensava não mais acrescentar aos meus 32 translados anteriores qualquer outro voo das fábricas nos Estados Unidos ao nosso país. Estava mesmo esquecendo a maravilha que eram os voos sobre as Bahamas e o Caribe, até que, certo dia, fui à empresa Aeromot, em Porto Alegre. Ao cumprimentar Cristiane Cunha Aguiar, gerente do grupo, ela de súbito me perguntou: "Gostaria de transladar um avião Diamond até nossa sede aqui em Porto Alegre?" Surpreso, respondi que sim, mas sem saber que o avião estava a 15.000 quilômetros de distância, na fábrica em Wiener Neustadt, na Áustria. Teria de atender a um curso, solar o avião e planejar aquele voo num pequeno bimotor sobre a Europa continental, Inglaterra, Escócia, Islândia, Groenlândia e o Canadá. Voaria sobre o Mar do Norte, bem próximo ao Círculo Polar Ártico. O Diamond 62 N846SU não possuía equipamento de degelo, era outubro e o inverno no hemisfério norte se aproximava. Pensei em ligar à Aeromot, dizendo que chegaria em Porto Alegre sim, mas na classe executiva de um A330 da TAP.

Fora a brincadeira, fiquei mais confortável até ser apresentado ao piloto indicado pela companhia de seguros que exige o voo com dois tripulantes naquela região. Menos preocupado, ao saber que eu estaria com alguém que já havia voado naquela área, o piloto Joe Drury. Fizemos um longo *briefing* sobre o voo e lhe chamei a atenção de que o DA não tinha sistema de degelo instalado. Ele não mostrou grande preocupação, o que me deixou mais tranquilo. De qualquer forma, durante a viagem viríamos a experimentar 16 graus centígrados abaixo de zero e ventos de proa de até 40 nós. Essa circunstância impediria que voássemos dentro de nuvens. Teríamos, portanto, de confiar nas informações meteorológicas propiciadas via Internet e na comunicação via satélite.

Éramos ao longo do voo monitorados por um *spot tracker*, que fornecia rotineiramente nossa posição naquela distante rota. Entretanto, um pouso naquele mar não iria garantir mais do que dez minutos de sobrevivência. No maior trecho, entre Reykjavik e Narsarsuaq, na Groenlândia, levamos seis horas e vinte minutos de voo. Não tínhamos instalado qualquer tanque sobressalente. Foi uma efetiva comprovação ser o Diamond um avião com excelente autonomia, seguro, motores absolutamente confiáveis e grande conforto. Experiências incríveis naquele translado me lembraram os voos que na Segunda Grande Guerra os bombardeiros americanos efetuaram na direção oposta, geralmente com ventos favoráveis.

Na Islândia pernoitamos num hangar enorme, onde pelo menos quatro B-17 eram preparadas para os voos à Inglaterra. Frio maior, entretanto, encontrei no Canadá. Entramos no continente por Goose Bay após voar sobre o inóspito Mar de Labrador. Pernoitamos no hotel Du North e disseram-nos poder haver ursos nas proximidades. Havia, portanto, bons motivos para não sair do quarto e do restaurante, que na janta incluía esplêndidas lagostas e excelente vinho importado... do Brasil!

Em Fort Lauderdale, muito bem acolhido por Danielle, Diretora da FBR Aviation, filha do grande Robertinho Cunha, me despedi do Joe e após a burocracia de praxe, decolei para o Brasil. Fiz pousos intermediários em Providenciales, Punta Cana e Grenada. Entrei no Brasil por Boa Vista, seguindo para Manaus, Sinop e Belo Horizonte (Aeroporto Carlos Prates). Fiquei alguns dias aproveitando para voos em várias cidades, onde demonstrei o DA com enorme sucesso.

Finda a epopeia, somei mais de 200 horas nesse avião, transportando cerca de 400 pessoas. Fiquei profundamente afeiçoado ao Diamond DA 62. Um avião excepcional sob todos os aspectos. Só posso agradecer à Aeromot e a pessoas como o Roberto Cunha, a Cris, a Danielle e o Guilherme pela consideração, confiança e afabilidade que sempre tiveram comigo. Agradeço por último ao Sr. Christian Dries por ter construído um avião realmente excepcional, com imbatível economia, docilidade de comandos, cabine simplificada, conforto e a enorme sensação de segurança que o avião propicia. Será uma presença nova e revolucionária na classe de aviões de 4 a 7 lugares. Seus concorrentes, concebidos há várias décadas, terão muito trabalho para enfrentar o moderno Diamond DA 62.

A foto bem mostra a beleza das linhas do Diamond DA-62. Neste avião, o N8465U, realizei o longo voo de quase 70 horas de Viena a Porto Alegre.

37

OS VOOS NA AEROMOT

Antes de ser vendida ao Grupo Fibraer, a empresa Aeromot, situada no Aeroporto Salgado Filho em Porto Alegre, foi revendedora dos aviões produzidos pela fábrica Piper, dos Estados Unidos. Realizei onze translados a partir de Vero Beach, na Flórida, até a sede da empresa. Ao longo de minha relação com a Aeromot, realizei também voos em outros aviões que ela fabricava ou provia manutenção. Esporadicamente, solicitavam efetuar voos de teste nos aviões que eram construídos ou modificados pela equipe dos proprietários, engenheiros Barreto Viana e Claudio Jotz.

Nunca recusei qualquer dessas atividades, pelo interessante que eram, além de me sentir partícipe das contínuas iniciativas da valorosa e incansável equipe técnica. Naquele período interagi muito com os demais engenheiros, Sergio Bica, Luiz Salazar e Luiz Castilho. Foram voos de teste nos Neiva P-56 do DAC que haviam sido remotorizados para os Lycoming O-235 e O-320. Em seguida fizemos os testes pós-modificações nos Seneca, Minuano e Cherokee, nos quais instalaram sistemas hipersustentadores da Robertson Stoll. Também do DAC vieram os Cessna L-19 para ser modificados à versão civil, denominados Cessna 305, dotados de ganchos de reboque para planadores.

Muitos voos inesquecíveis efetuamos nos Neiva T-25 da Força Aérea, que aqui vieram para revisão completa de célula e instalação de novos equipamentos de radiocomunicação e de navegação. Foram excelentes chances de voar acrobacias no T-25, avião saído da prancheta do grande projetista Joseph Kovacs, visivelmente inspirado no Focke Wulf Fw190 da Luftwaffe.

Muitos voos de experiência sucederam-se nos aviões Ximango. Estes eram originalmente os René Fournier RF-10, fabricados na França, cujos ferramentais e gabaritos foram adquiridos pela Aeromot.

Posteriormente, o DAC, visando a equipar alguns aeroclubes, decidiu encomendar à Aeromot duas dezenas de um avião de instrução primária que atendesse a requisitos, como ser todo em fibra de vidro, possuir trem de pouso triciclo, assentos lado a lado e ainda que usasse o mesmo motor do Aero Boero 115. A Aeromot propôs ao DAC uma versão do avião Ximango, que já fabricava, podendo assim abreviar sua entrega, usando sua expertise nesse tipo de aeronave. O avião seria um Ximango sem a parte dobrável das asas, sem os *spoilers* e uma grande modificação de trem de pouso convencional para triciclo. Na versão inicial, com motor Rotax, trem convencional e retrátil, o avião tinha um bom e surpreendente desempenho. Entretanto, para os re-

No preparo para mais um voo de teste no Aeromot AMT-600, apelidado de Guri. Na época sugeri que o trem de pouso fosse mantido convencional.

quisitos solicitados pelo DAC, a engenharia foi obrigada a convertê-lo para triciclo fixo, fato que afetou em muito a performance do avião. Apresentei várias sugestões para torná-lo um avião melhor, visto seu desempenho estar prejudicado pelo trem de pouso.

Após a entrega de 22 aviões, denominados AMT 600, a mudança do DAC para ANAC interrompeu a sequência, que poderia promover melhoras substanciais nesse avião. Este poderia vir a ser a aeronave ideal para equipar os aeroclubes. Realizei mais de 40 horas em voos de teste no AMT 600, tendo apenas dois incidentes, um no pouso quando a bequilha, ou seja, o trem de pouso dianteiro cedeu, próximo de sua fixação à fuselagem. O outro, mais curioso, ocorreu em voo a dois mil pés, quando uma repentina e violenta vibração surgiu na asa direita, a ponto de arrancar fora o *gap seal* do *flap*. Acompanhei a queda dele e, aproveitando o contato que tinha com um helicóptero em voo de instrução, lhe pedi o favor de recuperar a tira de metal caída num campo aberto. Devolvi essa peça à manutenção, informando tê-la perdido em voo. Só não contei como consegui trazê-la de volta intacta...

38

UM VOO BEM REMUNERADO

Havia um programa de TV do Jô Soares que ironizava e fazia graça sobre um argentino, de nome Gardelón, que veio ao Brasil e aqui conseguiu emprego. O trabalho, aparentemente bom, era remunerado com quinhentos cruzados, o que, de jeito algum, compensava o serviço que lhe davam, pois sempre o colocavam numa das piores enrascadas por tão pouco valor.

Depois do voo a seguir descrito, lembrei-me do Gardelón e explico: meu *muy amigo* Engenheiro Viana equipou um avião Ipanema com um enorme recipiente dependurado da fuselagem, destinado a conter veneno para combater uma praga no algodão. Pediu-me voar até o CTA – Centro Tecnológico da Aeronáutica, em São José dos Campos, para testes, fato que, segundo ele, era apenas um simples voo de rotina. Chegando, entretanto, os engenheiros informaram-me no longo *briefing* que naquela configuração o avião ficaria muito instável e possivelmente não sairia de um parafuso se nele eventualmente entrasse. Não seria homologado, a menos que num teste prático de voo fosse demonstrado que os parâmetros teóricos não se confirmariam, ou seja, o Ipanema não sairia de um parafuso normal e entraria num chato, provavelmente irrecuperável. Eu não tinha ideia da gravidade da situação, mas comecei a percebê-la pela descrição sombria que me fizeram, obtida a partir dos parâmetros teóricos descritos. Para piorar os prognósticos, recebi um paraquedas com a instrução de voar bem alto sobre a área exclusiva para salto. E mais ainda! Um T-25 voaria ao lado, para filmar o teste que eu deveria fazer, que consistia em um parafuso de três voltas para cada lado. Se o avião entrasse num parafuso e este virasse um chato, dele não conseguindo sair, eu deveria saltar. Afinal estava tudo pronto para isso.

Lembrei-me do Gardelón e pensei então que, se tudo saísse bem, na volta seria pago com quinhentos cruzados, da mesma forma que o azarado argentino. Não achei nenhuma graça na comparação enquanto me dirigia ao Ipanema, sem a mínima vontade de subir nele.

Acabei decolando e lá fui eu para a área de salto. Pela fonia, era instruído a fazer as manobras exigidas pelo programa de homologação, cumprindo todas sem qualquer problema. Finalmente, pediram que fizesse os indispensáveis parafusos. O T-25 posicionou-se à minha esquerda, um pouco mais alto que eu, ajeitaram a filmadora e autorizaram iniciar a manobra.

Ainda tenso, estolei completamente e comandei o primeiro parafuso com o manche colado e todo pé direito aplicado. Os primeiros três quartos de volta o avião fez com o nariz para baixo, próximo à vertical. A seguir ergueu o nariz, e a rotação se acentuou. Mesmo sem atingir o horizonte, fiquei preocupado. O Ipanema tem originalmente o nariz baixo em relação à posição do piloto. Caso atinja posição ainda mais próxima da horizontal, o sintoma denunciaria o início do temido parafuso chato. Mantendo o motor totalmente reduzido, completei mais duas voltas e descomandei da forma convencional. Ainda por conta própria, o avião girou velozmente, mas acabou obedecendo ao comando do profundor totalmente à frente e recuperou por si de forma satisfatória.

Alívio momentâneo, pois tinha de repetir tudo pela esquerda. O resultado foi praticamente o mesmo, e o Ipanema recuperou também sem muito reclamar. Dei graças a Deus quando o engenheiro no T-25 falou: "OK, já pode pousar!" Suando um pouco, mas eufórico, recebi a informação de ter sido aprovada a modificação feita.

Chegando à Aeromot, prestei contas da missão espinhosa que havia assumido. Disse que a adição do equipamento havia sido aprovada e que o voo solicitado fora um sucesso. Emendei a informação, falando propositalmente em espanhol com o Engenheiro Viana: "Bueno, su avión está probado y me gustaria saber endonde están mis quinientos cruzados". Não entendeu minha intenção ou pelo menos fingiu não entendê-la. Apesar de certas brincadeiras, admiro demais o Engenheiro Viana. Sempre confiou em mim, e nos tornamos amigos. A aviação de pequeno porte deveria prestar-lhe uma grande homenagem pelo seu trabalho e abnegação.

39

OS VOOS QUE NÃO TERMINARAM BEM

Quando falo sobre minha vida aeronáutica, as pessoas costumam perguntar se sofri alguma pane durante os voos. Falo que sim, muito poucas vezes, se considerarmos as mais de 20.000 horas lá em cima. A questão é pertinente, pois essas horas todas foram realmente voadas atrás de um manche. Nenhuma delas voadas descansando em beliche, o famigerado *sarcófago* de um grande avião comercial ou compondo tripulação. Além do mais, foram experiências vividas em 58 anos pilotando ou instruindo alunos. Assim, lembro de apenas três acidentes ao longo do período, sem graves consequências e poucos danos aos aviões que comandava.

A primeira foi uma pane simulada ministrada a um aluno mas que virou pane real. O PP-HCP era um CAP-4 e o aluno chamava-se Alegretti. Voávamos na região de Canoas, onde existiam várias áreas descampadas. Retornando da área de instrução a 1.000 pés, sentado no assento traseiro, decidi simular uma pane ao aluno já prestes a solar. Reduzi bruscamente o motor e gritei a palavra *pane*! Ele curvou à direita e escolheu pousar num pasto, até bem razoável para uma emergência simulada. Éramos, como já disse, ousados e só lhe determinei acelerar o motor e arremeter quando estávamos a poucos metros do chão e concluir ser possível um bom pouso. O fator não previsto era que, ao arremeter, o motor simplesmente não atendeu ao comando de potência plena e continuou totalmente na lenta. De um pulo, assumi os comandos certo de não haver mais tempo, exceto o de pousar ali de verdade. Estiquei-me todo para ver o terreno que ainda nos restava à frente, enquanto arredondei para o toque no solo. Como é sabido, na posição de toque, ergue-se o nariz do avião para uma atitude *três pontos* e pouco se vê à frente. Embora o local escolhido para simular um pouso de emergência fosse bom, era muito curto, talvez uns 200 metros, terminando em uma taipa, ou seja, um barranco de dois metros de altura. Nesse barranco nos chocamos, parando instantaneamente. Ficamos bem, embora a hélice quebrada, o nariz do avião amassado e um trem de pouso arrancado. A parada do motor ocorreu quando, ao comandar a potência total, a haste de acionamento da borboleta do carburador havia se partido.

A segunda aterrissagem de emergência aconteceu com um delicadíssimo pouso num campinho de futebol atrás de uma igreja, desta vez em pleno bairro Niterói, em Canoas, local densamente povoado com casas, prédios, automóveis e pessoas transitando. Havia recebido a missão de solar o piloto Tadeu Nedeff, filho do dono do avião, no seu Piper Comanche 250. O motor do PT-CCC, após vários pousos e decolagens na pista 13, logo após sair do chão, na quarta ou quinta arremetidas, começou a falhar, engasgando e vibrando muito. No susto assumi o comando a uns 100 pés de altura logo após cruzar a BR 116. Percebi o motor funcionando em espasmos a cada injeção frenética do manete de potência. Com esses espasmos o motor respondia por meros segundos, o suficiente para precariamente contornar dois ou três telhados, enquanto, apenas com o pedal do leme de direção, dirigi o Comanche para a única e diminuta área que percebi existir atrás da igreja na qual, felizmente, ninguém jogava futebol. Pousar um Comanche em 100 metros é missão impossível, mas a sorte nos ajudou. Não só *lambi* o telhado de uma casa como, ao forçar o pouso contra o solo, o trem de pouso ainda embaixo, foi arrancado bruscamente e por isso deteve a aeronave antes de atingir a rua, as casas e os transeuntes. Arrastamos no solo por cerca de 100 metros. Verificamos que os danos

O pouso forçado do CAP-4 PPHCP na região de Canoas, com meu aluno piloto privado Alegretti.

ficaram circunscritos somente ao trem de pouso, à hélice e à parte inferior da fuselagem. Não tivemos sequer um arranhão. Fui cercado de imediato e, com aparente calma, declarei ter havido uma pane no motor, e o único lugar para a emergência era o campinho atrás da igreja. Pessoas emitiram opiniões ao meu redor, falavam da sorte que tivemos e alguns *entendidos* diziam saber o avião *estar mal*, pois ouviram que o motor já vinha falhando e que ia cair. Uma senhora me alcançou um copo de água quando o Nedeff e eu nos postamos ao lado do Comanche analisando os estragos. Minha calma era apenas aparente, pois ao pegar o copo, um tremor incontrolável nas mãos quase jogou fora toda a água. O piloto em instrução, grato por ter praticamente salvo o avião do seu pai, assumiu estar no comando. Caso contrário, eu ficaria afastado do voo, conforme as regras, e estaria impedido de voar no dia seguinte, complicando o compromisso que havia assumido na empresa para a qual voava e era o único piloto. No inquérito foi descoberto o rompimento de uma mangueira do combustível e a consequente interrupção do funcionamento do motor.

O terceiro e último pouso de emergência ocorreu ao ser convocado para um voo de experiência em um Fairchild T-19. Esse avião, prefixo PP-GBT, havia saído da revisão geral. Gostava desses voos, porque iria pilotando à frente, voo raro, sem ter alunos a instruir. Pronto para iniciar o táxi, vi a figura do Krug, o *Foguinho,* que me acenava. Cortei o motor e conversei com o Martins, que me autorizou a dar-lhe carona. Subi para a área próxima de Viamão e averiguei a regularidade do motor e demais itens pedidos pela manutenção. Sobrando um tempo e sabendo que o Krug adorava acrobacias, executei uma sequência de manobras deliciosas, como só o T-19 propiciava. Sua cabine era totalmente aberta. Por isso, a mais gostosa e sensacional era o voo de cabeça para baixo, no qual ficávamos presos somente pelo cinto de segurança, sem nada que restringisse a visão do solo abaixo. Como o motor Ranger do T-19 era carburado, este parava de funcionar, fato conhecido, e por isso planávamos de dorso por apenas alguns segundos. Ao retornar o voo normal, desvirando o avião, o mesmo voltaria a funcionar normalmente. Naquele dia o carburador se recusou a mandar combustível ao motor, pois reteve trancadas as duas boias, não obstante os safanões dados no manche. Pensei estar faltando alimentação e manejei a bomba manual, enquanto procurei um local para pousar em emergência. O motor continuava em silêncio e ao cruzar mil pés de altura escolhi um campo, admitindo não haver alternativa. Preparei o pouso, reduzi ao máximo para tocar o solo na menor velocidade possível. Ocorreu o toque e corremos alguns metros no terreno irregular, parecendo tudo terminar bem, até que uma fortíssima guinada à esquerda aconteceu. A perna do trem de pouso daquele lado rompera-se ao cair em um buraco. Paramos a 90 graus em relação à direção do pouso. Não se usava cinto de ombro, e um *galo* surgiu de imediato na cabeçada contra a moldura do parabrisa. Krug somente teve luxação no pé direito, pois espertamente ajustou o banco todo para baixo.

Após o episódio, o Comandante Wendorff, Diretor de Ensino da EVAER, remeteu à diretoria de operações da VARIG carta elogiosa, dizendo ter havido uma condução segura naquela emergência por parte do instrutor em comando...

É muito bom ter vivido tão poucos eventos como os citados em tão longo tempo de voo. Atualmente os cuidados com manutenção de aeronaves são mais rigorosos que em épocas passadas. Se atualmente ainda ocorrem acidentes, pode-se atribuir a maior parte deles ao fator humano.

40

RESGATE DE NÁUFRAGOS NO MAR

Era o dia 12 de março de 1997. Estava almoçando no restaurante do ARGS reunido com os instrutores, conversando sobre as atividades do dia. Trouxeram-me um celular com uma ligação vinda da cidade de Osório. No outro lado da linha estava Rudy Stundner, preocupado e solicitando meu auxílio. O avião PT-WES decolara daquela cidade duas horas atrás e ainda não havia retornado. Rudy ajudava o seu amigo piloto Moacir Ughini a abastecer o seu Cessna. O voo fora contratado pelo Instituto Oceanográfico de Rio Grande. Eduardo, Daniel e Paulo eram os pesquisadores a bordo que estavam estudando a migração dos cardumes de toninhas, uma espécie de golfinho. Voaria afastado da costa e à baixa altura, como nas saídas anteriores. Rudy aguardava com dois galões de combustível prontos para abastecer o PT-WES, que pousara e decolaria de imediato. Ughini falou-lhe não ser necessário, pois seria um voo curto sobre o mar e próximo à pista onde estavam. A preocupação de Rudy ao ligar-me era natural, pois já decorrera muito mais tempo do que estava previsto. Ele já havia contatado com o pessoal do aeroporto de Capão da Canoa, onde eventualmente o avião poderia ter pousado. Porém, lá não se encontrava. Pelo tempo decorrido, a aeronave não poderia mais estar voando.

Preocupado, decolei no bimotor Twin Comanche PT-IUN na direção de Osório e em voo falava pelo VHF com Rudy para obter mais informações. Decidi, então, sobrevoar as praias da região, mas nada avistei. Começava a crer ter havido um pouso no mar. Solicitei contatar o Ximango da Brigada Militar em Capão da Canoa, o qual prontificou-se a ajudar-nos na busca.

A situação já era do conhecimento de algumas emissoras, que divulgavam o desaparecimento de um avião no litoral. Face às divulgações, recebi em voo a oferta de apoio do Comandante Marquardt, piloto do Departamento Aeroviário do Estado, o que aceitei de bom grado. Junto ao avião Navajo, do DAE, além do Copiloto Pinho, embarcou também Luciano Garcia, piloto privado que sempre aproveitava uma carona para somar experiências. Paralelamente, busquei contatar via celular com o Salvaero, Serviço de Busca e Salvamento, sediado em Curitiba. Informei-lhes sobre a situação e o Sargento Vilamil me informou haver um helicóptero Bell 205 UH-1H casualmente pousado em Tramandaí e que o acionaria para nos ajudar.

Esse helicóptero pertencia ao Segundo Esquadrão do 10.º Grupo de Aviação, localizado em Campo Grande. Estava em Tramandaí apoiando os exercícios de tiro aéreo dos aviões F-5 em treinamentos na região sobre o mar. Fiquei logicamente muito animado com a notícia. O comandante do helicóptero, Tenente Potiguara decolou do campo de futebol da guarnição da Brigada Militar de Tramandaí, onde estava temporariamente baseado, e voou por algum tempo sobre o mar, ampliando a área da busca. Como necessitava abastecer, abandonou o setor, dirigindo-se à Base Aérea, em Canoas. Ao retornar pelas 16 horas, me informou que ficaria pousado em Tramandaí aguardando. Apenas o avisaria se necessário. Acerto com o Navajo do DAE e com o Ximango da Brigada, voarmos em setores utilizando a *busca em pente* ao norte e ao sul da plataforma da Petrobras.

A espuma aspergida pelas ondas, tocada pelo forte vento nordeste que soprava naquela tarde, dificultava a visão da superfície da água. O cansaço aumentava com o passar do tempo. Já voávamos a várias horas, e uma crescente dor de cabeça me atingia, causada pela concentração em objetos que esporadicamente apareciam flutuando. Ficamos sozinhos por momentos, pois o piloto Stocker, do Ximango, teve de retornar à sua base em Porto Alegre. Como completara mais de três horas em voo, decidi retornar a Osório para abastecer. O Navajo pilotado por Marquardt permaneceu no sobrevoo.

Vários minutos depois, Luciano avistou pela janela traseira onde estava, o que lhe pareceu ser um colete flutuando, e alertou o piloto. Abastecido, retorno rapidamente à área, tomado por grande expectativa face à recente informação. Logo após, confirmaram ter avistado mais de um salva-vidas, e começamos a crer serem de fato os tripulantes do Cessna. Entretanto, naquele momento, ocorria o pôr do sol e o Tenente Potiguara estava em processo de decolagem para retornar à Base Aérea, em Canoas, obedecendo ao regulamento, que o proibia de voar sobre água à noite. Chegando ao local, pedi-lhe com incontida rispidez e de forma muito irritada que ali permanecesse. Como voltou a pousar, presumi que surpreendentemente aceitara o que entendeu ser uma ordem. Na verdade, o Tenente Potiguara estava consultando os demais membros de sua tripulação se concordariam em contrapor-se ao regulamento. Com a aceitação, informou então que desistiriam de retornar a Canoas e permaneceriam para nos ajudar.

Continuando a busca frenética, o piloto do Navajo informou, agora com certeza, apesar da má visibilidade, ter náufragos à vista, e circulava sobre eles. Chegando ao local também os vi e com isso nosso grau de excitação foi ao extremo. Marcando o local com curvas bem fechadas, pedi ao Marquardt voar até a praia, para orientar o helicóptero até onde estávamos. Já estava escuro quando vi ambos voando em minha direção. Marquardt cruzou pelo local onde havíamos plotado os náufragos, mas, frustrado destaque, não os avistou! O helicóptero que o seguia, entretanto, conseguiu vê-los e gritou exultante, enquanto se detinha em voo pairado.

Voando também muito baixo sobre a dramática cena, concluí com absoluta certeza que aquela passagem seria a última, pois a escuridão tomava conta de tudo. Alguns marcadores fumígenos MK 25 foram lançados do HU-1H, e assim permitiu que não mais os perdêssemos. Circulamos os dois aviões em torno do helicóptero que se detinha em voo bem baixo, iluminando o local com seus potentes faróis. Vimos

Desenho retratando a dramática cena do salvamento dos tripulantes do Cessna PT-WES após a queda no mar, em março de 1977.

apreensivos um militar descer pelo guincho. Ficamos girando em curvas fechadíssimas em torno daquele impressionante palco.

Grande quantidade de espuma do mar era levantada pelo sopro das pás do helicóptero. As luzes de posição dos aviões, várias luzes *strobe*, o potente facho do farol do Bell refletiam na densa névoa, e o salvamento em curso criava um quadro indescritível, quase uma sensacional cena de filme que dificilmente esqueceremos. O voo à baixa altura sobre as vagas oscilantes exigia a máxima atenção e perícia do piloto. O alto consumo de energia dos potentes faróis do UH-1H fez com que o guincho elétrico apresentasse interrupções no seu funcionamento.

Potiguara pilotava sob grande tensão, não apenas pelo difícil voo naquelas condições, como também pela responsabilidade que assumira. Finalmente, o último dos sobreviventes chegava a bordo. O nível de alegria de que fomos tomados foi muito grande, e gritávamos eufóricos por aquele triunfo conseguido no derradeiro momento. Nós os havíamos salvo, ajudados pelo que posso considerar ser um grande milagre. Vários fatores positivos alinharam-se de forma surpreendente para que a vida deles fosse salva. Tamanha ventura só teria sido possível por quem considerasse ter havido alguma intervenção superior naquele episódio.

Foram oito os fatores fundamentais para o feliz desfecho.

Primeiro, eu ter sido avisado a tempo do ocorrido pelo Sr. Rudy.

Segundo, ter insistido em permanecer horas naquela busca, que se mostrava infrutífera.

Terceiro, assumir a coordenação entre os vários protagonistas.

Quarto, os termos localizado nos últimos minutos do dia.

Quinto, a presença do Navajo do DAE sob o comando de Marquardt e do piloto Luciano a bordo.

Sexto, a existência do helicóptero do Salvaero da FAB ali perto.

Sétimo, a disposição e habilidade dos tripulantes do HU-1H.

Oitavo, a presença da ambulância na praia, com o necessário e imediato atendimento médico, dado o estado de hipotermia em que se encontravam.

Ao apagar das luzes daquele inesquecível palco criado sobre as ondas do litoral gaúcho, abandonamos a área e aproamos as calmas luzes de Tramandaí. Ficamos então silenciosos em nossos rádios. Enquanto voávamos nas três aeronaves em direção à praia, pude observar por instantes o mar abaixo de nós. Envolto na escuridão, me pareceu estarem aquelas ondas mais calmas e serenas. Pensei comigo que o mar deveria estar se sentindo vencido, pois havíamos arrebatado suas presas no derradeiro momento. Acompanhamos o helicóptero até a praia. Ali nos despedimos, seguindo para o Aeroporto Salgado Filho, em Porto Alegre, pensando em finalmente aliviar a tensão daquelas muitas horas de busca.

Semanas após, em 19 de março de 1996, o Governador do Estado, Antônio Britto, fez questão de conferir, a nós pilotos e à equipe de salvamento da FAB, a Medalha Negrinho do Pastoreio, a maior condecoração do Estado do Rio Grande do Sul. O Tenente Potiguara e sua tripulação, Tenente Samir, Sargentos Rubem, Duarte e Gildoberto também estavam presentes.

Senti-me, e creio com certeza também meus colegas naquela missão, muito felizes com o reconhecimento.

Ao encerrar, resumo todos esses episódios, refletindo um pouco sobre as iniciativas tomadas e também sobre as ocorrências que marcaram esse longo período de atuação junto ao aeroclube. Pensei nas iniciativas lúdicas, engraçadas e até curiosas das quais participei. Algumas que não terminaram conforme o esperado e algumas outras que geraram grande satisfação por tê-las realizado, como esta do salvamento. Lembrei que, de qualquer forma, ao ousarmos, estaremos sempre sujeitos a fracassos, mas também a grandes vitórias.

41

HELICÓPTEROS POUSAM NO ARGS

O desejo infantil de voar helicópteros, relatado no capítulo seguinte, foi concretizado em 1998, ao solar o icônico Bell 47 G-2. Sobre esse helicóptero existe uma série produzida pelo cinema em 1972, com o título *Mash*, que retratava um extenso período da Guerra da Coreia. Um grupo de paramédicos fazia uso desse aparelho em cenas muito interessantes, algumas até hilariantes. Ao voar o Bell 47 transportava-me no tempo.

A chegada dos helicópteros ocorreu após sua desativação da Base Aérea de Santos, redistribuídos pelo DAC. Posteriormente, adquirimos do representante da Robinson, Sr. Alberto Tuffro, o primeiro R-22 PT-YCZ, bem mais moderno que os PP-HUI e PP-HUD, assim desativados. O ARGS formou nesse departamento mais de 60 pilotos.

Um grande reconhecimento ocorreu quando fomos incumbidos da formação de pilotos para a Brigada Militar do Estado do Rio Grande do Sul. Na primeira turma formamos os oficiais Moacyr Stocker, Roberto Galdino e Cleber Senisse, que voaram com os instrutores Amauri Kreisner, Rudy Barlem e eu. Sempre integrei o grupo e posteriormente assumi como checador credenciado. Atuaram ainda nesse curso Otavio Rosa e Guilherme Hoff. O curso de instrutores de helicóptero foi encerrado no ano de 2008, ante a impossibilidade financeira da sua reposição.

42

O HELICÓPTERO QUE NÃO VOOU

Tinha cerca de 12 anos de idade e construí o que parecia ser um helicóptero no pátio de nossa casa. Com três canos de água e um comprido caibro de madeira, junto a um pedal de bicicleta, correias e uma engrenagem tipo junta universal, foi possível criar um helicóptero. Na minha mente infantil e otimista poderia decolar. Passei duas semanas laminando as pás para construir uma grande hélice, que girava ao pedalar a bicicleta. A correia e os pedais transmitiam o movimento a ela, fixada no topo da engrenagem. Lubrifiquei com o óleo que meu avô Eugenio retirava nas trocas em seu caminhão Chevrolet Gigante ano 1946. A hélice custou-lhe duas plainas, que usava com frequência e que, obviamente, ficaram inutilizadas. Não fosse seu bom humor, nunca mais me permitiria entrar em sua oficina de marcenaria. A grande hélice girava penosamente, conseguindo umas poucas rotações, mesmo pedalando esbaforido.

Na mente infantil, melhorando a hélice, consumindo muitas outras plainas e fazendo muita musculação, um dia poderia voar sobre o bairro Ipanema, onde morávamos. Quem sabe teria desistido de início se conhecesse cálculos de física e aerodinâmica que eu ainda não possuía ao terminar o primário no Colégio Matias de Albuquerque.

Dona Carmelita, minha adorada professora, jamais iria ensinar-me as fórmulas, sabendo o risco que eu correria se uma ideia daquelas pudesse ser posta em prática. Eram sonhos de voar. Primitivos, mas apontavam na direção de uma futura carreira.

Quem sabe foi pelo desejo infantil não realizado que solei com inaudita satisfação o helicóptero Bell 47, em 1998, e pouco depois atuei como instrutor neste e nos recém-adquiridos Robinson R-22, cuja história relatei no capítulo anterior.

43

VOANDO O DELPHIN L-29

Com muitas ideias e sonhos voltados para projetar o aeroclube no cenário da aviação civil no país, sempre procurei direcionar esforços para concretizá-los. Grande parte deles foram realizados, mas alguns ficaram somente na intenção, barrados que foram por circunstâncias variadas.

Influenciei para que autoridades trouxessem os *kits* do biplano acrobático Christen Eagle. Trouxe da França o CAP-10, a genial obra do Engenheiro Claude Piel e do Monsieur Auguste Mudry, e criei a primeira esquadrilha de demonstração acrobática civil no Brasil. Com duas dessas aeronaves e com outro piloto da minha confiança, realizamos com sucesso mais de 100 apresentações.

Outra ideia foi buscar um DC-3, quase uma sucata, e fazê-lo voar novamente. Mais tarde, com ele efetuei passeios aéreos transportando muita gente, fazendo reviver os anos dourados da aviação. De outra feita, comprei num leilão um T-6, avião notável, que tinha sido da Esquadrilha da Fumaça. Voei sobre as terras aradas de Canoas e Berto Sírio, treinando várias acrobacias. Compareci com esse T-6 em muitos *shows* aéreos, elevando o nome do aeroclube. Uma outra iniciativa que lembro, a bem da verdade, avançou muito, mas não foi possível concluí-la, por exigências burocráticas. Havia lido o livro *A Race to Freedom*, que conta a história do piloto Mira Slovak. Cheguei a Santa Paula, na Califórnia, e contatei aquele autor. Ele era, nada mais nada menos, que o piloto tcheco que, após seu país ser tomado pelos russos depois da Segunda Guerra, desviou um DC-3 da Czechoslovakian Airlines, onde atuava como comandante. Fugiu à noite de Praga, voando rasante entre 100 e 500 pés de altura, e pousou em Frankfur, na zona de ocupação americana. Pediu asilo às autoridades dos Estados Unidos. Exilado, mudou-se para a região de Los Angeles. Continuou seus voos na aviação esportiva, realizando *shows* acrobáticos em biplanos Buecker. Descobriu outra atividade que o tornou ainda mais famoso: ser piloto de lanchas *off-shore*. Nesse esporte tornou-se campeão americano. Foi recebido pelo Presidente Dwight Eisenhower. Dada a sua grande fama de piloto de aviões e de lanchas, recebeu a cidadania americana. Participou das corridas aéreas de Reno, em Nevada, e venceu o campeonato nacional em 1964. Continuou com seus voos comerciais e comandou os novos jatos da Continental Airlines.

Pois bem, eu estive pessoalmente com o Comandante Mira Slovak. Voei com ele e discuti a possível compra de um jato de treinamento militar. Encontrei-o em Santa Paula, em sua casa, quando me apresentei e pedi para experimentar os jatos russos que ele importava da Tchecoslováquia e revendia. Era um Delphin L-29 biplace, monoturbina. Custaria pouco mais de 40 mil dólares, incluindo uma turbina sobressalente, um mecânico para montar o avião no Brasil, ministrar a instrução e solar os pilotos. Saímos cedo de sua casa até o aeroporto de Oxnard. Tiramos do hangar o L-29. Após o demorado *briefing* na cabine dianteira, visto tudo estar escrito em russo, Mira sentou-se atrás e continuou pelo interfone fornecendo instruções. A corrida na pista não foi longa, e, após sair do solo, ele me instruiu aproar 270 graus. Subimos sobre o mar a 10.000 pés. Estava me deliciando nos comandos quando o tcheco, muito tranquilo, me disse: "You get the plane. She's all yours! You can try some aerobatics!" ("Pega o avião! Ele é todo teu! Podes experimentar algumas acrobacias!"). Comecei com estóis, ainda temeroso. Em seguida um parafuso. Confiando mais, fiz um tunô, um Immelmann e um pouquinho de voo no dorso. O avião é delicioso, altamente responsivo e muito dócil. Coisa linda ver o Pacífico lá embaixo, e eu, absolutamente convicto, pensei ser esse o avião que poderíamos comprar para o ARGS. O voo terminou com um inesquecível rasante por entre as áridas montanhas rochosas da região.

Se tudo desse certo, seria o primeiro aeroclube no país a ter um jatinho para credenciar seus pilotos também em aviões à reação. Venderemos horas antecipadas, fecharemos o negócio e Mira colocaria o Delphin num contêiner. Seu mecânico-instrutor também viria. Teríamos até um EBRAVE, com a apresentação da performance do avião recém-adquirido, quem sabe até com a presença do próprio Mira! Faltava pouco, mas esse sonho não foi possível concretizar por motivos burocráticos. Ao buscar inserir na formação dos pilotos esse treinamento, o DAC respondeu que não homologaria as horas de voo efetuadas em um avião experimental.

Muito decepcionado, tive de abandonar a ideia do jatinho, do mesmo jeito que abandonei aquela do helicóptero que nunca saiu do chão, no começo dos meus "empreendimentos aeronáuticos".

44
VOANDO UM XAVANTE NA FAB

A pedido do Major Gustavo Albrecht, um dos responsáveis pela organização da Fainatal, uma festa aérea em Natal, Rio Grande do Norte, solicitaram-nos enviar dois CAP-10. Foi um *curto* voo de três mil e quinhentos quilômetros. Justificou-se tamanha despesa, pois nossos aviões seriam voados por Montaigne Mallet e Daniel Heligoin, da French Connection. Era esperada uma grande participação popular, o que não ocorreu por conta do falho planejamento da divulgação. Resultou também que não fomos integralmente pagos pelas despesas pelos promotores e até hoje resta um saldo que foi parar na conta de lucros e perdas. Porém, vendo o lado positivo, nosso pessoal no comando dos CAPs, os pilotos Francis Barros, Carlos Prado, Marcel Moura e Ricardo Castelo puderam aproveitar o belo voo e por três dias conhecer Natal e as praias da Ponta Negra e Genipabu. Nossos voos foram muito apreciados pelo público e pelos militares da Força Aérea, à época sob o comando do Brigadeiro Juniti Saito.

Fui convidado pelo brigadeiro a visitar a base aérea e perguntado se gostaria de voar um dos Xavantes AT-26 ali baseados. Desnecessário dizer qual foi minha resposta. A Base Aérea de Natal localiza-se em Parnamirim, junto ao aeroporto civil, onde ocorria a Fainatal. Para lembrar, esse grande aeroporto foi construído pelos americanos, que o usaram na Segunda Guerra Mundial como base para seus aviões de patrulha e para o preparo das aeronaves de transporte em translado para a África e a Europa. Também ficou conhecido por sediar os Hudson A-28 e os Lockheed C-60A Lodestar da nossa Força Aérea. Embora fosse domingo, o Tenente-Coronel Pablo, Comandante da Base, mobilizou todo seu pessoal para que eu pudesse voar o Xavante naquele dia. Decidiu ser ele mesmo meu instrutor, deixando-me pilotar no assento dianteiro. Um longo *briefing* antecedeu nosso voo no Xavante FAB4605 do Esquadrão Pacau. Logo após outro *briefing*, agora sobre o macacão anti-G e demais procedimentos de emergência. Decolamos às 13h30 para um voo planejado de uma hora sobre o mar. Pablo, ciente da minha condição de instrutor de acrobacia em outros tipos de avião, foi extremamente gentil e técnico, demonstrando algumas

Após o voo no Xavante FAB 4605, com o instrutor Coronel Pablo.

manobras e pedindo que eu as executasse logo após. Acredito tê-las efetuado bem e, ao final, ante a concordância do coronel, pedi-lhe deixar-me executar uma manobra nunca antes por mim voada, face à inexistência na época de um avião civil com suficiente potência para tanto. O oito vertical exige elevada carga de G. Obviamente sofri toda a ação do macacão anti-G para suportar sem desmaios os quase oito G, tanto positivos como negativos, que a manobra impõe. Fingi ao Pablo tê-las suportado sem problemas. Não lhe disse que tão cedo não gostaria de repetir aquela experiência, devido ao enorme desconforto sofrido dentro daquele macacão, com o qual evidentemente não estava habituado.

Uma grande e inesquecível experiência sobre as praias de Natal, embora a vinte e três mil pés de altura. Sequer coloquei um pé naquela convidativa água lá embaixo, que com certeza minha equipe devia estar curtindo...

45

UM DC-3 POUSA EM BELÉM NOVO

Sempre acalentei a ideia de voltar a pilotar um DC-3, avião em que voei inicialmente na VARIG. Sabia de iniciativas na Europa onde com grande sucesso esse avião efetuava os chamados voos nostálgicos. Queria também fazer voltar ao voo aquela aeronave de enorme importância na história das companhias aéreas, assim como quando operava na Força Aérea Brasileira, onde cumpria as mais diversas missões de integração, inclusive as do Correio Aéreo Nacional. Observei por anos a situação dos aviões ainda existentes no país e a possibilidade de adquirir um deles, mesmo sabendo estarem todos já há muitos anos abandonados. Em Fortaleza visitei o DC-3 PT-AOB da TAF, Transportes Aéreos Fortaleza e me fiz acompanhar do Tenente Rockenback, mecânico do 5.º ETA, Esquadrão de Transporte Aéreo da FAB, para inspecionar seu estado. Desestimulado pelas más condições deste, visitei outros dois DC-3 existentes em Belém do Pará. Um deles, o PT-KZG, estava em melhor estado e seu proprietário, Comandante Almir de Oliveira, da Royal Taxi Aéreo, afirmou ser possível, não apenas fazê-lo voar, como até o levaria ao sul se fechássemos o negócio. Após esse contato, voltei a Porto Alegre e fui ter com meu amigo Martin Bernsmüller, o maior estudioso de DC-3 que conheço. A ele pedi dados históricos do PT-KZG que havia visto. Informou-me que esse avião era na verdade um C-47 B, nascido em Santa Monica, na Califórnia, em 23 de dezembro de 1944, quando recebeu a matrícula militar 43-49660. Voou na Força Aérea dos Estados Unidos (USAAF) até fins de 1945, vindo a seguir para a Força Aérea Brasileira, para atuar no Correio Aéreo Nacional, sob a matrícula FAB2017. Desativado e leiloado no Campo dos Afonsos, no Rio de Janeiro, em 1978, foi adquirido pela VOTEC, empresa de carga aérea, tendo recebido o registro civil PT-KZG. Posteriormente, foi vendido à Royal Taxi Aéreo, de Belém do Pará. Após usá-lo por alguns anos, foi arrendado por muito pouco tempo à Aero Beni, da Bolívia. Face a desacertos, retornou ao proprietário em Belém. Ficou anos estacionado num pátio no Aeroporto Val-de-Cans, ao relento, na companhia do PT-KZE, outro C-47, também oriundo da FAB.

Durante aquela busca, conheci o Sr. Wander Weege, dono da fábrica de malhas Malvee e de uma empresa de taxi aéreo em Blumenau. O Sr. Wander pensava adquirir um DC-3, não apenas porque o admirava, mas também porque pretendia usá-lo como peça publicitária dos produtos que fabricava. Passei-lhe todas as informações sobre esse avião, bem como o contato com seu proprietário. Após acerto entre as partes, ocorreu a venda do PT-KZG. Meses após, o avião foi entregue em voo pelo próprio Comandante Almir em Blumenau, em 14 de fevereiro de 1997. Ali mesmo, após alguns meses de trabalhos de manutenção realizados pelos mecânicos que para lá levei, Silvio Rockenback e Jordano Rahmeier, efetuei meu voo de recheque, colocando em dia minha licença de voo. Havia no país apenas um checador para esse tipo de avião. Era o Coronel Fernando Fernandes, do DAC, que, após o cheque, me autorizava oficialmente ter em minhas mãos novamente um DC-3. Passados alguns meses, face a alguns percalços, o Sr. Wander desistiu do seu plano original. A mudança da ideia dele, quanto ao uso original do avião, me permitiu negociar o PT-KZG, o que desde o início sem dele esconder, eu já planejava. Deixei Blumenau pousando em Belém Novo em 10 de janeiro de 1998. Quase difícil de acreditar que o lendário DC-3, pelas minhas mãos, veio tocar suas rodas no asfalto da pista do aeroclube. Uma grande

Chegada e primeiro pouso do DC-3, sob meu comando, em voo rasante sobre a pista do Aeroclube, em Belém Novo. 10 jan. 1998.

etapa daquele sonho estava acontecendo. Um inimaginável e mágico momento se fazia realidade.

A magnitude do feito crescia por sermos o único aeroclube do planeta a ter em sua sede um Douglas DC-3 em operação.

Dentro da ideia original de que o avião no futuro viesse a pertencer ao ARGS, convidei três parceiros, pilotos da Varig, a dividir o aporte inicial da compra por mim feita, para posterior ressarcimento, tão logo estivesse demonstrada a viabilidade econômica do empreendimento. Eu estava certo de que esses três colegas a mim se juntavam por compartilhar o orgulho de termos em nossas mãos e voarmos um avião dessa grandeza. Estava certo também, uma vez demonstrado que o DC-3 se autossustentaria, não trazendo despesas à instituição e, ao contrário, só traria grandes benefícios, iriam apreciar naturalmente tamanha adição. No começo, o ARGS aceitou de bom grado assumir a condição de operador do avião, mediante um termo de cessão não oneroso firmado entre nós. De fato, não demorou muito para constatarem a comprovação da afirmativa que lhes havia feito. À medida que iniciaram os voos nostálgicos, apoios externos em forma de equipamentos e de mão de obra surgiram quase espontaneamente. O nome e a logomarca do ARGS eram orgulhosamente ostentados na fuselagem, assim como em muitas outras peças de divulgação produzidas.

Nosso DC-3, como preconizado e gradualmente provado, nada custou aos cofres da instituição, como passou a arrecadar valores que cobriam o custo dos voos, gerando bons superávits. Com estes canalizados ao caixa, poderia o aeroclube pouco a pouco passar da condição de operador para a de proprietário, à medida que fôssemos ressarcidos do valor pago ao adquiri-lo.

As elevadas despesas com o combustível e a manutenção eram cobertas pelos passageiros participantes dos voos panorâmicos que rotineiramente passamos a realizar em todos os fins de semana. Antes de cada decolagem, os aspectos históricos e as excepcionalidades do avião desde sua fabricação eram projetados em vídeo, além de comentados pela tripulação ao público presente. Também, tão logo os passageiros ocupavam seus lugares, fazíamos pessoalmente um *briefing* completo a eles. Enquanto nosso comissário servia um espumante de boas-vindas, eu colocava no sistema de som uma música evocativa aos anos 1940, geralmente um *Moonlight Serenade*, de Glenn Miller. Obviamente, isso não ocorria naqueles tempos, mas era aceitável por acentuar todo ambiente nostálgico que desejávamos criar. Da mesma forma, em cada poltrona os passageiros surpreendiam-se com a possibilidade de leitura de revistas e/ou jornais das décadas de 1950 e 1960. A emoção dos passageiros aumentava quando, após a partida dos motores, seu gostoso ruído inundava a cabine. Com os calços das rodas retirados, iniciávamos o táxi até a cabeceira da pista. Outro momento inesquecível eram os cheques de verificação pré-decolagem que levavam cerca de dez minutos, algo hoje também inexistente. A decolagem, com os motores a pleno era um momento excepcional. Para os pilotos, era a fase de muita atenção e de várias verificações. A corrida para a decolagem para nós, atrás daquele manche, era um indizível prazer. As dez toneladas do DC-3 ganhavam leveza e abandonavam a pista de forma quase mágica, fazendo a quem o pilotava sentir-se realmente comandando um SENHOR AVIÃO. O recolhimento dos trens de pouso e as subsequentes reduções dos motores até o nível de cruzeiro, geralmente a 1.500 pés, eram efetuados para assim sobrevoar a cidade. Depois, desligado o "atar cintos / não fumar ", os passageiros podiam caminhar ao longo do corredor, tirar fotos e visitar a cabine de comando, cuja porta ficava sempre aberta.

Era uma realidade extasiante, ao nosso alcance, incrivelmente disponível aqui em nosso país. Com os recursos provenientes dos passageiros e das empresas que aderiram como patrocinadoras, cobríamos as despesas de manutenção, à medida que incrementávamos melhorias no avião. Para o suporte técnico, tínhamos contratado o mecânico Haroldo Gaião, suboficial aposentado da FAB. Acrescento Harry Waschburger, competente mecânico de estruturas e não posso deixar de mencionar o Engenheiro Frederico Ritter, que desempenhou o papel de padrinho do DC-3, pois dele vinha o indispensável aval técnico perante as autoridades, ao assumir a responsabilidade quanto à integridade e confiabilidade do avião. Os tripulantes eram meus três sócios, que usavam suas folgas na VARIG para se adaptarem ao Douglas. Nesses voos eu aproveitava também para treinar alguns instrutores do aeroclube, de forma que no futuro fossem credenciados pelo DAC a compor a tripulação. Obviamente, esse treinamento era disputadíssimo e eu o estendia a quem fazia por merecer. Preparei e formei pelo menos seis deles para operar o avião. Simultaneamente, criei o Departamento Histórico-Cultural com o objetivo de nele manter, não apenas o DC-3, mas também outros aviões históricos. A criação desse departamento foi aprovada em assembleia geral e a seguir também aceita pelo DAC, tornando oficial a categoria histórica. Nessa formalização foi muito importante o trabalho no mesmo sentido realizado pelo Engenheiro Fernando Almeida na função de presidente da ABAC – Associação Brasileira de Aeronaves Clássicas, com quem eu trocava contínuos contatos. Como já mencionado, a intenção era de que o aeroclube viesse a ser o proprietário do DC-3, à medida que se tornasse evidente ser um bom negócio à instituição.

Três mil, trezentos e oitenta foram os participantes desses voos nostálgicos durante a permanência do avião nos seis anos em que aqui esteve. Dentre os que voaram estavam os já aposentados ex-tripulantes da VARIG. A eles propiciamos um voo especial em 8 de agosto de 1998 para voarem o avião mais marcante de suas carreiras. Grandes emoções facilmente imagináveis ao relembrarem seu passado no DC-3. Lá estavam os Comandantes Rubens Bordini, Geraldo Knipling, Romulo Amaral, Nagib Ayub, Werner Spenner, Roni Azevedo, Hamilton Mancuso, os Comissários Martin Bernsmüller, Alice Klausz e os Mecânicos Günther Spiewick e Arnold Bergmann. Lembro de ter visto lágrimas nos olhos de alguns deles, enquanto, pensativos, pela janela olhavam o panorama, ouviam o ruído dos Pratt & Whitney e sentiam o odor característico daquele avião dentro do qual muitas horas haviam sido voadas. Foi um momento de grande felicidade para eles e principalmente para mim, sabendo o significado de tudo aquilo para os veteranos comandantes, comissários e mecânicos. Outro voo que fizemos com ex-tripulante no DC-3, apesar de curto

O DC3, ainda PT-KZG, pousado em Belém Novo, junto ao Hangar 3.

entre Belém Novo e Porto Alegre, ocorreu em maio de 2000, ao participarmos dos "Portões Abertos", evento promovido pela VARIG no Aeroporto Salgado Filho. Ofereci a pilotagem no assento da esquerda para o Comandante Geraldo Souza Pinto, que já havia voado esse avião muitos anos atrás, quando ingressara na empresa. Percebi que, não obstante o longo tempo afastado da pilotagem daquele clássico, operou-o com perfeição. Foi um momento marcante e fizemos questão de, após o pouso, registrá-lo, também compartilhado pelo Brigadeiro Juniti Saito, Comandante da 5.ª Zona Aérea, que lá estava junto ao Presidente Fernando Pinto.

Outro evento emocionante e muito marcante em que participamos foi no Campo dos Afonsos, no aniversário de 50 anos do Correio Aéreo Nacional, em 15 de junho de 2003. Fomos convidados pelo Brigadeiro Saito e preparamos uma surpresa aos veteranos convidados, os quais nunca imaginariam ver um DC-3 no ar novamente. Eram cerca de 30 ex-pilotos do Correio Aéreo Nacional, o CAN, todos retirados da FAB há muitos anos, lá presentes com seus familiares. Desnecessário dizer que o mais novo daquela turma deveria ter uns 70 anos de idade. Preparamos o Douglas na Base Aérea de Santa Cruz, distante 40 quilômetros, adesivando todo avião com as cores e logomarcas da FAB. Coordenamos de forma a sobrevoar o evento bem na hora da formatura, durante a execução do Hino Nacional, correspondente ao ponto mais alto do evento. Um oficial com um VHF portátil fazia a coordenação para a sincronia daquela passagem. Informei-lhe que passaria num voo rasante de forma a vir por trás dos convivas, pegando-os de surpresa. Por precaução, sugeri ao coordenador providenciar e ter a postos pelo menos uma ambulância para atender eventual ataque cardíaco, muito provável de ocorrer, tamanha a emoção que estaríamos a causar. Eu mesmo, pilotando o DC-3 na pintura do CAN, muito me emocionei. Após a passagem, pousei e taxiamos ao local de corte, feito exatamente ao final dos acordes de nosso hino. Muito difícil não ficar tocado ao ver os semblantes daqueles heróis aproximando-se do Douglas e nele tocando para confirmar não ser uma miragem.

Estivemos também na Base Aérea de Florianópolis, em 5 de abril de 2004, e voamos sobre toda a ilha em um belo voo cênico. Buenos Aires, Rio de Janeiro, Florianópolis, Torres, Pelotas, Itirapina, Araras, Canela, Gravataí, Veranópolis, Garibaldi e Blumenau foram outros lugares onde pousamos. Tão empolgantes e difundidos eram os voos que conseguimos apoio material de várias empresas. Tínhamos até então ajuda de VARIG, Aeromot, Good-Year, Ícaro, Garmin, Aerosul, Mangueiras AGS e outros. Conseguíamos recursos em forma de patrocínios, marcando presença nos eventos aéreos citados e até em filme de projeção internacional, como foi o caso do *Diários de Motocicleta*, de Walter Salles, produzido por Robert Redford e filmado em Morón, na Argentina, para onde o Douglas foi levado. O nome do aeroclube e o meu próprio como comandante do DC-3 aparecem nos créditos ao final do filme. Foi assim divulgado em vários países ao marcar presença em dois festivais de cinema, nos Estados Unidos e na França.

A regular presença sobre Porto Alegre nos voos de fim de semana, com aquele inédito e gostoso ruído dos seus motores, começava a tornar-se marcante e característico. O mérito daquela ideia e a percepção do potencial que representava era tanto que a VARIG, através do seu Presidente, Fernando Souza Pinto, acrescentou um belo trabalho de melhorias internas e externas nas cores originais da VARIG. Os trabalhos realizados no avião dentro dos hangares da RIO-SUL tiveram a importante atuação do Presidente Paulo Henrique Coco, do Comandante Helio Maciel, da Engenheira Heloisa Medeiros e do Engenheiro Felipe Majerkowski. Mudei nosso prefixo, que era PT-KZG para PP-VBN, em homenagem à VARIG. Em relação a essa empresa, devo aqui voltar a estender meus agradecimentos ao seu Presidente, Fernando Pinto. Poucas pessoas acreditaram tanto na ideia da restauração do avião quanto ele. Mostrou confiança no nosso trabalho, nas minhas ideias e foi um importante colaborador da iniciativa, participando entusiasticamente através dos engenheiros e mecânicos da base Porto Alegre. Mesmo afastado, em face de suas importantíssimas funções na presidência da empresa no Rio, de lá acompanhava empolgado os serviços realizados.

Foram gloriosos dias de uma realidade até então inimaginável. Foi o regresso apoteótico aos ares do reverenciado Douglas DC-3 ao completar 70 anos de existência. O avião que promoveu a integração do nosso país, o avião que muito auxiliou a abreviar a Segunda Guerra Mundial, segundo palavras de Winston Churchill, enfim,
"O AVIÃO QUE MUDOU O MUNDO"!

46

O DC-3 SE DESPEDE

A instituição ARGS, após a virada do século, passou gradualmente a experimentar um período de retração muito diferente de tempos anteriores. Os setores de manutenção de aeronaves e de assessoria administrativa foram assumidos por outros integrantes próximos à presidência. Face a isso, concentrei-me somente no ensino teórico e de voo, passando a ficar ausente das demais áreas. Pouco interagia junto ao presidente, com o qual compartilhara anteriormente grande convergência e bom relacionamento. Cisões surgiram paradoxalmente a partir do departamento histórico-cultural, cujo principal motivo fora o próprio DC-3. Percebi não terem sido compreendidos os objetivos do projeto e o enorme alcance que já fora demonstrado e aqueles que ainda estavam por vir. Não foi surpresa, ter recebido a determinação de suspender a condição de operador e a consequente retirada do nome e das logomarcas do ARGS nele aplicadas.

Penitencio-me por não ter percebido com antecedência todas as essas desconformidades e as motivações adicionais daqueles comportamentos. Penitencio-me também por não ter tomado medidas para contorná-las, por não dissipar presunções e por não buscar um diálogo que diminuísse o desagrado que meus entusiásticos trabalhos junto ao avião involuntariamente estariam a causar. Os sócios alegavam estar o aeroclube tirando o apoio antes prestado; somado ao fato de terem perdido seus empregos, eram motivos para pleitear de volta os valores com que participaram no início, obviamente ampliados. Argumentei seria frustrar as empresas que nos ajudaram e investiram no projeto. Ao apontar a impropriedade da venda, procurei auxílio jurídico para contrapor a negociação. Com essa minha decisão, o distanciamento e a beligerância deles se acentuou. Não esperava essa postura, até porque no início de suas carreiras eu lhes havia sido útil para alcançar seus objetivos profissionais.

O curioso, e até certo ponto paradoxal, era que decorridos mais de cinco anos estar provado serem infundados os prenúncios negativos levantados. A lamentável perda ocorrida com a venda do avião, somadas aos demais insucessos que a entidade passou a experimentar, levou ao seu gradual desprestígio e a trouxe à situação de declínio.

Relembro, contudo, com grande satisfação que por oito gloriosos anos o manche de um DC-3 esteve em minhas mãos, cumprindo o objetivo original. A realização do sonho iniciado em 1997 na distante Belém do Pará foi, sob meu comando, tornado realidade e, apesar desse desfecho, vibrante, estoica, gloriosa e orgulhosamente sustentado pelas asas do venerável DOUGLAS DC-3 PP-VBN.

47

O ARGS NOS ÚLTIMOS DEZ ANOS

Ao longo dos anos antecedentes a 2019, o aeroclube continuou seu visível retrocesso. O fato ocorreu não apenas pela postura de seus diretores ao assumirem em desacordo com os métodos e obras anteriormente edificados, mas principalmente porque nada era colocado no lugar do que estava sendo desmontado. Nada veio a ocupar o lugar da numerosa e bem mantida frota, dos vários cursos oferecidos e da filosofia funcional e educacional anteriores. Criatividade, competência, devoção e entusiasmo à atividade aérea eram os atributos mínimos desejáveis a quem se propunha a prosseguir na trajetória anteriormente mantida. No período referenciado no título deste capítulo, essas qualidades não mais se fizeram presentes. Claramente faltavam esses atributos aos administradores de então. As alegações para embasar seus atos eram que dificuldades financeiras assim o exigiam, começando por desfazer-se gradualmente do patrimônio. Foram vendidos ou doados muitos planadores e aviões. Alguns, como os CAP-10, por valores suspeitamente baixos. Outros foram canibalizados e jogados nos fundos dos hangares. Desfizeram-se de preciosidades, como o planador Grob, objetivando simplesmente encerrar as atividades do departamento. Restou uma frota de instrução de dois ou três Cessna 150, alguns Tupi, um Corisco e um bimotor. As assembleias gerais que autorizaram essas vendas e as modificações funcionais eram compostas em sua maioria por sócios distantes, que não mais voavam e sequer frequentavam a instituição. Várias aeronaves foram rotuladas de *não produtivas*. Por *não produtivas* entendiam ser as que pouco voavam. Nenhum dos que aprovaram a ideia dessas vendas questionaram com propriedade a razão de sua baixa produtividade. Em seu lugar, a administração passou a arrendar aviões de um sócio. Os recursos advindos das vendas não foram empregados em outras melhorias, mas sim para fazer caixa e pagar despesas de custeio, sabidamente elevadas e desproporcionais ao retorno que produziam. Os praticantes de modalidades aerodesportivas, desmotivados, abandonaram o quadro social. Novos sócios simplesmente não eram admitidos. Outros gradualmente se afastaram, ficando a instituição reduzida a um pequeno grupo.

Canchas esportivas, piscina e alojamentos recebiam pouquíssima manutenção. Com a supressão dessas e das demais características físicas, o ARGS foi perdendo alunos para outras escolas e aeroclubes do centro do país. Justificando o lamentável panorama deixado, além de culparem as administrações passadas, atribuíram a crise enfrentada pela aviação de um modo geral e as dificuldades geradas pelas ações judiciais sofridas.

Ao ausentar-me, após o extenso e profícuo período de mais de quarenta anos, em que atuei junto aos excelentes parceiros das diretorias precedentes, não houve por parte desta última o menor reconhecimento. Era difícil para esses senhores aceitar que alguém tenha se dedicado por tamanho tempo altruisticamente para a edificação de um bem coletivo. Ao deixarem o aeroclube, afastaram-se eclipsados por suas inócuas atuações e pelo legado deixado.

48

O ENCERRAMENTO DA LONGA MISSÃO

Após 40 anos dedicados ao Aeroclube do Rio Grande do Sul, período em que sacrifiquei muito tempo da minha vida pessoal, familiar e social em prol dessa instituição, chegara a hora de me afastar. Minha presença ao longo da vida do ARGS foi a mais longeva já registrada entre as entidades coirmãs em nosso país. Foi um período de grandes realizações, encerradas com muito êxito ao término de 2008. O Aeroclube do Rio Grande do Sul, como idealizara no princípio, em Canoas, atingia nessa minha despedida, a condição de ser a mais afamada e mais importante escola de formação de pilotos do país. Com isso estou certo e orgulhoso de ter cumprido a promessa feita naquele distante ano de 1972.

Não posso deixar de ratificar que esse bom resultado muito se deve ao trabalho dos componentes das diretorias precedentes e ao apoio que deles sempre obtive.

Faço sinceros votos que o ARGS retome algum dia sua bela trajetória. Basta que voltem a se reunir autênticos aviadores, pessoas que amem voar, tenham capacidade para tanto, possuam talento administrativo e não se contaminem por interesses outros. Certamente trarão consigo a nobreza que caracteriza os verdadeiros pilotos, aqueles que engrandecem o ambiente onde se pratica a arte de voar, a arte de motivar e a arte de ensinar outros a voar.

Será a única forma de manter saudável e perene a história da instituição de formação de pilotos mais importante que este país possuiu.

Impressão:
Evangraf
Rua Waldomiro Schapke, 77 - POA/RS
Fone: (51) 3336.2466 - (51) 3336.0422
E-mail: evangraf.adm@terra.com.br